전산회계운용사
3급 실기

김갑수 · 이유진 지음

멘토르스쿨

전산회계운용사 3급 실기(2023년 개정판)

14판 1쇄 발행 2023년 2월 20일

지 은 이 : 김갑수, 이유진 공저
펴 낸 이 : 김경용
펴 낸 곳 : 멘토르스쿨
편집디자인 : (주)피오디컴퍼니
표지디자인 : 김희정
주　　　소 : 서울시 관악구 대학동 546 미림여자정보과학고등학교 내 교내기업실
전　　　화 : 02-876-6684
팩　　　스 : 02-876-6683
내 용 문 의 : kykim0432@hanmail.net
등　　　록 : 2011.03.02 제 321-0211-000042호

ISBN : 979-11-89000-53-0 03000

가　　　격 : 15,000원

ⓒ 2011 멘토르스쿨
http://www.mtrschool.co.kr

2023년부터 변경 시행되는 K-IFRS(한국채택국제회계기준)를 반영한 CAMP sERP(버전 : 1.0.1.6)로 구성된 최신 전산회계운용사 3급 실기 검정 문제집이다.

우리나라에서도 이제 ERP(Enterprise Resource Planning)란 용어를 흔하게 접할 수 있습니다. ERP란 전사적자원관리로서 기업의 회계, 인사, 재무 등을 비롯해 생산, 구매, 주문, 재고 등의 업무를 돕는 통합 애플리케이션을 일컫습니다. CAMP sERP(Certified Accounting Management Program)는 ERP개념을 도입한 회계 소프트웨어로 대한상공회의소가 주관하는 전산회계운용사 실무능력을 검정하는 소프트웨어입니다.

전산회계운용사 3급 실기 시험을 준비하는 수험생을 위한 이 책의 구성은 다음과 같습니다.

> 제1장 에서는 CAMP sERP설치 방법을 안내합니다.
> 제2장 에서는 전산회계운용사실기 입문 과정입니다. (1) 기준정보입력 (2) 거래입력 (3) 기말정리사항 (4) 단답형 조회를 따라해보기와 혼자해보기로 나누어 익힐 수 있도록 하였습니다. 백데이터(zip파일)를 실어 수업을 듣지 못했을 경우에도 다음에 수업에 지장이 없도록 하였고 학교나 학원에서 수업을 받고 집에서 혼자 복습할 수 있게 하였습니다.
> 제3장 에서는 모의고사 12회를 풀어보는 단원입니다. 메뉴탐색을 익히는데 중점을 두었으며 매회 난이도를 점진적으로 높였습니다.
> 제4장 에는 2018년 ~ 2022년 대한상공회의소 기출문제 9회분을 수록하여 출제난이도를 경험하도록 하였습니다.

정답화일이 필요하다는 요청이 있어 www.mtrschool.co.kr[자료실]에 정답화일을 올려 놓았습니다. 필요하신분은 CAMP sERP 프로그램을 실행하여 기초자료 불러오기를 하여 이용하시면 됩니다. 오류가 없도록 최선을 다했습니다만 미처 발견하지 못한 오타나 오류는 정오표를 작성하여 http://www.mtrschool.co.kr[자료실] → [정오표]에 올려 놓겠습니다. 부족한 부분은 수험생 여러분의 격려와 충고를 통해 계속하여 보완해 나갈 것을 약속드립니다.

끝으로 본 서적이 나올 수 있도록 많은 협조를 해주신 멘토르스쿨출판사 김경용 대표님과 관계자 그리고 베타테스트를 해준 문정현 선생님에게 특별히 감사를 드립니다.

※ CAMP sERP(버전:1.0.1.6)의 주요 변경사항

변경 전	변경 후	
계정과목	계정과목	재무제표 표시
단기매매금융자산	당기손익-공정가치측정금융자산	FVPL금융자산
매도가능금융자산	기타포괄손익-공정가치측정금융자산	FVOCL금융자산
만기보유금융자산	상각후원가측정금융자산	AC금융자산

김갑수 · 이유진 씀

P A R T

01

CAMP sERP
설치 안내

이 교재의 기초데이터는 멘토르스쿨 홈페이지(http : //www.mtrschool.co.kr)−[자료실]에서 다운받고 시작합니다.

01 전산회계운용사 실기 프로그램(CAMP sERP)설치 안내

01 설치전 주의사항

❶ 반드시 2023년도에 배포한 "CAMP sERP_1.0.1.6버전"을 확인하시고 설치하시기 바랍니다.

❷ 권장 PC 사양

구 분	내 용
운영체제	• Windows XP, Windows 7, Windows 비스타(32bit)
컴퓨터	• Pentium Ⅳ 이상 • RAM : 512MB 이상 • HDD : 1GB 이상 여유 공간 • VGA : 1024 × 768 해상도
기타	• Internet Explorer 6.0이상 설치되어 있어야함

02 CAMP sERP 프로그램 설치

❶ 다운 받은 프로그램의 설치아이콘(설치 CD가 있는 경우 CD – ROM에 넣고)을
그림과 같은 아이콘을 더블클릭 한다.

CAMP sERP
1.0.1.6
(2022.07.20)

❷ 설치마법사 창이 나타나면 [다음] 단추
를 클릭한다.

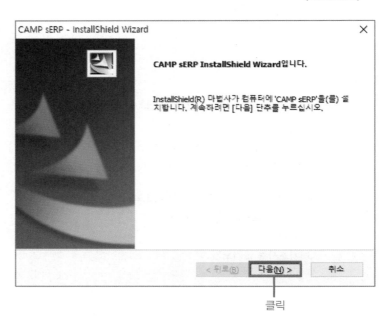

❸ 사용권 계약 화면이 나타나면 사용권
계약의 조항에 동의합니다(A)를 선택
하고, [다음(N)]을 클릭 한다.

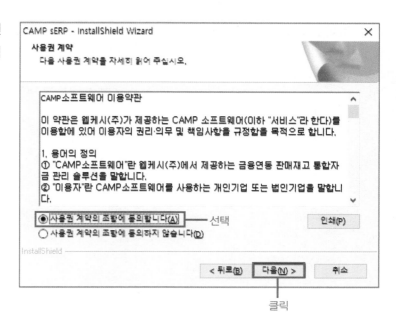

❹ 파일 복사 시작이 나타나면
[다음(N)]을 클릭한다.

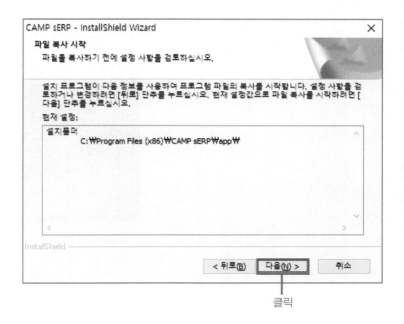

❺ [다음] 단추를 클릭하면 설치가
진행된다.

❻ InstallShield Wizard가 'CAMP sERP'
를 설치했습니다. 마법사를 종료하려
면 [완료] 단추를 누르십시오.에서 [완
료]버튼을 클릭한다.

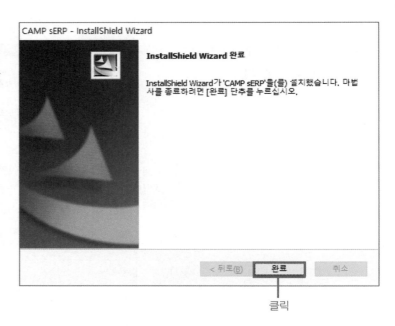

클릭

❼ 바탕화면에 [CAMP sERP]바로가기 아이콘이 나타나면 설치가 완료된 것이다.

03 CAMP sERP 프로그램 삭제

❶ [시작] → [모든프로그램] → [제어판]
→ [프로그램 및 기능]을 실행하여
[CAMP sERP]를 제거한다.

❷ Installshield 마법사는 CAMP sERP을
(를) 제거했습니다. [완료]를 클릭한다.

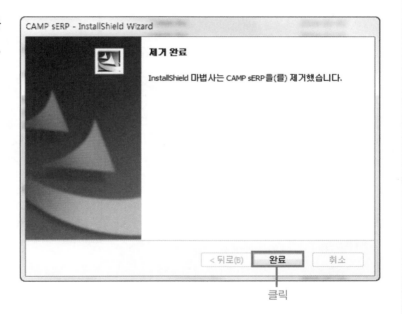

클릭

02 CAMP sERP프로그램의 시작(교육용)

01 CAMP sERP 프로그램 실행

❶ 멘토르스쿨 출판사홈페이지(http : //www.mtrschool.co.kr)에 접속하여 자료실에서 2023 전산회계운용사 3급 실기 – 기초자료를 다운로드 받아 압축풀기를 한다.

❷ 다운받은 [멘토르스쿨(2023)]을 바탕화면 또는 임의의 장소에 폴더에 끌어다 놓는다.

❸ 바탕화면에서 📷 아이콘을 더블클릭하여 실행시키거나 또는 [시작] – [CAMP sERP]을 클릭하여 실행시킨다.

02 사용자등록

❶ 초기화면에서 [교육용 로그인]을 클릭한다.

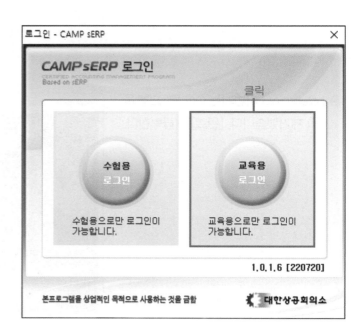

❷ 사용자번호 (12345678)와 성명(김갑수)을 입력 한다.

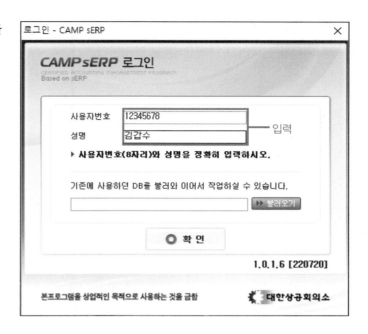

[TIP]

▶ [수험용 로그인]은 검정시험에 응시할 경우에 선택한다.

03 기초 자료 불러오기

❶ 불러오기를 클릭하면 [열기]대화상자가 나타난다.

❷ [지시사항]에 있는 기초자료를 [선택]하고 [열기]를 클릭한다.

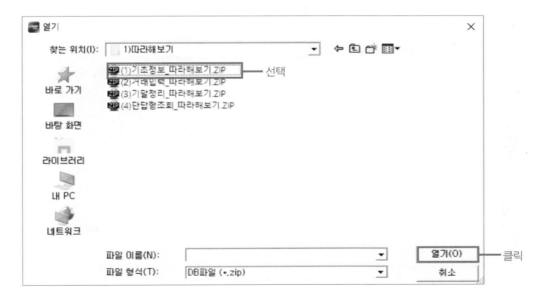

02 CAMP sERP프로그램의 시작(교육용)

❸ 사용자 번호와 성명을 입력하고 원하는 기초
  데이터를 선택하고, [확인]버튼을 클릭한다.

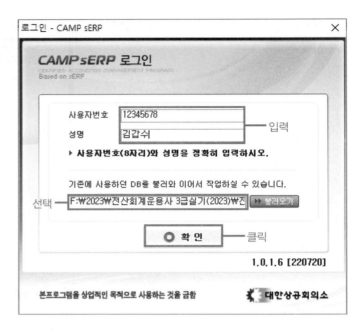

TIP

▶ 기초데이터 사용자 번호와 성명
  ❶ 사용자번호 : 12345678
  ❷ 성   명 : 김갑수

❹ 기초데이터를 불러오면 다음과 같은 메인화면이 나타난다.

CAMP sERP 프로그램을 종료하기 전에 지금까지 작업하였던 자료를 저장하여 나중에 이어서 작업할 수 있다.

❶ 화면 오른쪽 상단 [×]버튼을 클릭한다.

클릭

❷ 자료를 저장하시겠습니까? [예]를 클릭한다.

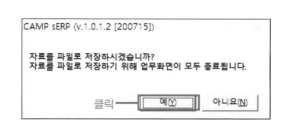

CAMP sERP (v.1.0.1.2 [200715])

자료를 파일로 저장하시겠습니까?
자료를 파일로 저장하기 위해 업무화면이 모두 종료됩니다.

클릭 ─ 예(Y) 아니요(N)

❸ 다른 이름으로 저장화면에서 파일 이름(N) : [원하는 파일명.zip]를 입력하고, [저장]버튼을 클릭한다.

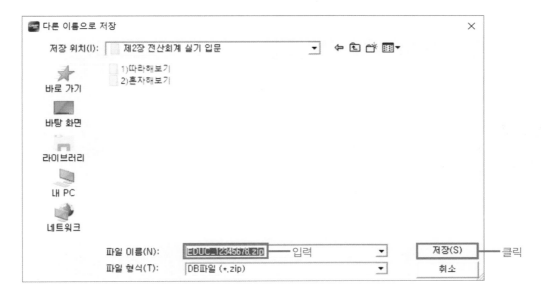

다른 이름으로 저장   ×

저장 위치(I): 제2장 전산회계 실기 입문   ▼   ← 🗐 📁 🎛▼

바로 가기   ☐ 1)따라해보기
              ☐ 2)혼자해보기
바탕 화면

라이브러리

내 PC

네트워크

파일 이름(N): EDUC_12345678.zip ── 입력   ▼   저장(S) ── 클릭
파일 형식(T): DB파일 (*.zip)   ▼   취소

❹ 정상적으로 저장되었습니다.에서 [확인]버튼을 클릭한다.

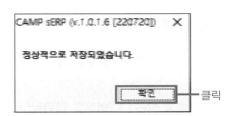

❺ 로그아웃 화면에서 [확인]버튼을 클릭하면
된다.

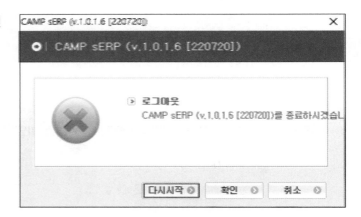

TIP

▶ 자료를 저장하면 [C :] → [Program Files] → [Camp Admin] → [Back up]로 자동 저장되며 저장위치를 변경하여
저장할 수도 있다.

PART

02

전산회계운용사
실기 입문

01 기준정보 따라해보기

▸ **지시사항**

CAMP sERP 프로그램을 '교육용로그인'할 때 불러오기를 클릭하고 [멘토르스쿨(2023)] → [제2장 전산회계 실기 입문] → [1)따라해보기]폴더에서 [(1)기준정보_따라해보기.zip]를 불러온 후 진행합니다. [사용자번호 : (12345678), 성명 : (김갑수)]

▌[기초정보] → [회사(사업장)정보관리]에서 "(주)대명전자"를 확인 후 진행하세요.

문제 01 다음의 신규부서를 등록하시오.

조직(부서)명	조직(부서)코드	제조/판관	비고
총 무 부	5	판관	
서비스부	6	판관	

❶ [기초정보] → [부서정보관리] 클릭한다.

❷ 화면 오른쪽 하단 추가 (F2) ◉ 아이콘을 클릭하면 [부서 추가/수정] 팝업창이 나타난다.

❸ 부서코드 번호(5)를 입력한다. (부서코드를 자동으로 부여하는 경우에는 [자동]에 체크하고 입력한다.)

❹ 부서명(총무부)를 입력하고, 제조/판관에서 드롭단추(▼)를 클릭하여(판관비)를 선택입력하고, 상태에서 드롭단추(▼)를 클릭하여 (활동)를 선택 입력한다.

❺ 저장 (F5) ◉ 아이콘을 클릭하면 저장된다.

❻ 서비스부도 같은 방법으로 입력한다.

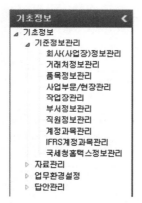

문제 02 다음의 신규 거래처를 등록하시오.

거래처(상호)명	거래처분류(구분)	거래처코드	대표자	사업자번호	업태/종목
태극전자	매입처(일반)	1002	김태극	123 − 45 − 67891	제조/가전
한국유통	매출처(일반)	2003	왕한국	441 − 81 − 11954	유통/가전

❶ [기초정보] → [거래처정보관리]나 My메뉴 옆 거래처정보관리(5) ([Ctrl] + 5)를 클릭하고, [일반]탭을 선택한다.

❷ [거래처정보관리]에서 오른쪽 하단 추가(F2) ➔ 버튼을 클릭한다.

❸ 거래처명(태극전자)을 입력하고 중복확인 버튼을 누른다. 중복되지 않는 거래처입니다.[확인]을 클릭한다.

❹ 거래처분류에서 드롭단추(▼)를 클릭하여 매입거래처를 선택한다.

❺ 거래처코드(1002)를 입력한다.(거래처코드를 자동으로 부여할 경우에는 [자동]에 체크하고 사용한다.)

❻ 대표자(김태극)를 입력한다.

❼ 거래처유형에서 사업자등록번호(123 − 45 − 67891)를 입력한다.

❽ 업태(제조), 종목(가전)을 입력한다.

❾ 오른쪽 하단 저장 (F5) ➔ 아이콘을 클릭하여 저장한다.

❿ 한국유통도 같은 방법으로 입력한다.

TIP

▶ 사업자 번호 123 − 45 − 67891 입력시는 하이픈("−")없이 1234567891으로 입력한다.
▶ 날짜 입력시는 하이픈("−")없이 입력해도 되고 하이픈하고 입력해도 된다.
▶ 전화번호, 은행계좌번호는 하이픈("−")을 입력한다.

문제 03 다음의 정기예금을 등록하시오.

거래처 (상호)명	거래처 코드	은행 (금융기관) 명	예금종류 명	계좌번호	계약기간 (계약 시작일~계약 만료일)
농협(정기예금)	3004	농협	정기예금	776 – 910001 – 21889	2023.12.11 ~ 2024.12.11

❶ [기초정보] → [거래처정보관리]나 My메뉴 옆 거래처정보관리(5) (Ctrl + 5)를 클릭하고, [금융]탭을 선택한다.

❷ [거래처정보관리]에서 오른쪽 하단 추가(F2) ◉ 버튼을 클릭한다.

❸ 거래처명(농협(정기예금)), 거래처코드(3004)을 입력한다.

❹ 금융기관에서 드롭단추(▼)를 클릭하여 [농협]을 선택하고, 계좌번호(779 – 910001 – 21889)를 입력한다.

❺ 계약 시작일(2023 – 12 – 11)과 계약 만료일(2024 – 12 – 11)을 입력한다.

❻ 계정코드에서 📋을 클릭하여 계정코드(정기예금)을 [선택]하고, 확인 ◉ 을 클릭한다.

❼ 계좌부가정보에서 예금종류 예금을 선택하고 정기예금을 입력한다.

❽ 저장 (F5) ◉ 아이콘을 클릭하여 저장한다.

TIP

▶ 은행계좌번호와 전화번호는 하이픈(" – ")포함하여 입력한다.
▶ 입력하고 입력내용이 잘 보이지 않으면 셀을 드래그하여 셀크기를 조절하면 된다.
▶ 계좌부가정보 : 당좌예금과 보통예금(수시), 정기예금(예금), 정기적금(적금)을 선택한다.

문제 04 다음의 신규 상품(품목)을 등록하시오.

품목코드	품목(품명)	(상세)규격	품목구분(종류)	기준단위
7003	다목적PC	QQ	상품	EA

❶ [기초정보] → [품목정보관리]나 My메뉴 옆 **품목정보관리(6)** (Ctrl + 6)를 클릭한다.

❷ 화면 오른쪽 하단 **추가 (F2) ❍** 버튼을 클릭한다.

❸ 품목코드(7003), 품목/규격(다목적PC), 상세규격(QQ)을 입력한다.

❹ 품목종류는 드롭단추(▼)를 클릭하여 [상품]을 선택한다.

❺ 기본단위(EA)를 입력하고, 사용유무에서 드롭단추(▼)를 클릭하여 [활동]을 선택한다.

❻ **저장 (F5) ❍** 아이콘을 클릭하여 저장한다.

TIP
▶ 입력시 (*) 표시가 있는 곳의 내용을 입력하지 않으면 저장이 되지 않는다.
▶ 작업이 끝난 창을 닫을 때는 화면 위쪽 ☒ **품목정보관리** 의 (×)를 클릭하면 된다.

문제 05 다음 유형자산을 등록하시오.

자산코드	계정과목 (자산계정)	자산명	수량	취득일	취득가액	내용연수	상각방법
4003	비품	노트북	1개	2023.12.07	4,000,000	5년	정액법

❶ [회계관리] → [고정자산관리] → [고정(유형/무형)자산등록]메뉴를 클릭한다.

❷ 왼쪽 상단 아이콘박스 🔵 📇 💾 🏛 🖨 📷 🔌 ⚙ 🖥 메뉴에서 📇(F2(추가))를 클릭 한다.

❸ 계정과목(비품), 취득일(2023.12.07), 자산코드(4003), 자산명(노트북), 상각방법(정액법)을 Enter↵ 로 이동하면서 입력한다.

❹ 상각비탭에서 취득수량(1), 경비구분에서 드롭단추(▼)를 클릭하여(0.80000번대)를 선택한다.

❺ 4.신규취득증가액(4,000,000), 12.내용연수(5)를 입력한다.

❻ 왼쪽 상단 아이콘박스 🔵 📇 💾 🏛 🖨 📷 🔌 ⚙ 🖥 메뉴에서 💾(F5(저장))을 클릭 한다.

기준정보 혼자해보기

▶ 지시사항

CAMP sERP 프로그램을 '교육용로그인'할 때 불러오기를 클릭하고 [멘토르스쿨(2023)] → [제2장 전산회계 실기 입문]
→ [1)혼자해보기]폴더에서 [(1)기준정보_혼자해보기.zip]를 불러온 후 진행합니다.

[기초정보] → [회사(사업장)정보관리]에서 "(주)대한스포츠"를 확인 후 진행하세요.

문제 01 다음 제시되는 기준정보를 입력하시오.

1 다음의 신규부서를 등록하시오.

조직(부서)명	조직(부서)코드	제조/판관	비고
기획조정부	105	판관	
인력개발부	106	판관	

2 다음의 신규 거래처를 등록하시오.

거래처(상호)명	거래처분류(구분)	거래처코드	대표자	사업자번호	업태/종목
안산의류	매입처(일반)	203	오안산	277-81-22224	제조/의류
강릉유통	매출처(일반)	303	남강릉	357-77-33336	유통/의류

3 다음의 정기예금을 등록하시오.

거래처(상호)명	거래처코드	은행(금융기관)명	예금종류명	계좌번호	계약기간(계약 시작일~계약 만료일)
국민(정기예금)	405	국민은행	정기예금	123456-123-111	2023.12.05 ~ 2024.12.05

4 다음의 신규 상품을 등록하시오.

품목코드	품목(품명)/규격	(상세)규격	품목구분(종류)	기준단위
1103	등산복	C-108	상품	EA

5 다음의 유형자산을 등록하시오.

자산코드	계정과목(자산계정)	자산명	수량	취득일	취득가액	내용연수	상각방법
6004	비품	복합기	1대	2023.12.13	₩2,500,000	5년	정액법

> **TIP**
> ▶ 화면의 창이 너무 많이 열리면 (×)를 클릭 하면 된다.
> 메인화면 × 부서정보관리 × 거래처정보관리 × 품목정보관리 × 고정(유형/무형)자산등록 ×

02 거래입력 따라해보기

▶ 지시사항

CAMP sERP 프로그램을 '교육용로그인'할 때 불러오기를 클릭하고 [멘토르스쿨(2023)] → [제2장 전산회계 실기 입문] → [1)따라해보기]폴더에서 [(2)거래입력_따라해보기.zip]를 불러온 후 진행합니다.

■ [기초정보] → [회사(사업장)정보관리]에서 "(주)대명전자"를 확인 후 진행하세요.

문제 01 **11월 23일** 다음의 비용이 발생하여 현금으로 지급하다.

수도광열비	18,000	통신비	34,000	여비교통비	220,000

분개	출금전표	(차) 수 도 광 열 비 통 신 비 여 비 교 통 비	18,000 34,000 220,000	(대) 현 금	272,000

❶ My메뉴 옆 일반전표입력(4)(Ctrl + 4)나, 화면왼쪽 [회계관리] → [재무회계] → [전표입력] → [일반전표입력]을 클릭한다.

❷ 전표일자(2023 – 11 – 23)를 입력하고 Enter 한다.

❸ 구분[1.출금], 계정과목[수도] Enter 하면 [계정과목조회] 팝업창이 활성화되면 "8~"로시작하는 [수도광열비]를 선택하고 Enter 한다. 금액(18,000)을 입력하고 Enter 하면 저장된다.

❹ 통신비, 여비교통비도 같은 방법으로 입력한다.

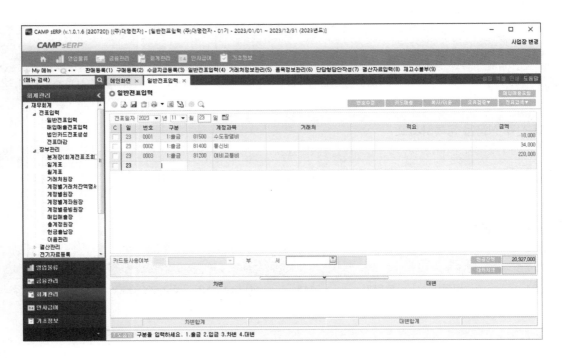

[TIP]

▶ 계정코드가 "8~"으로 시작하는 것은 판매비와관리비계정이고,
▶ 계정코드가 "5~"으로 시작하는 것은 제조원가계정이다.
▶ 화면 우측 하단 대차차액 없어야 저장된 것이다.

문제 02 **11월 24일** 당좌수표 ₩2,000,000(은행명 : 농협)을 발행하여 현금을 인출하다.

분개	입금전표	(차) 현　　　　금	2,000,000	(대) 당좌예금(농협)	2,000,000

❶ My메뉴 옆 일반전표입력(4) (Ctrl + 4)나 화면왼쪽 [회계관리] → [재무회계] → [전표입력] → [일반전표입력]을 클릭한다.

❷ 전표일자(2023 - 11 - 24)를 입력하고 Enter↵ 한다.

❸ 구분[2.입금], 계정과목[당좌] Enter↵ 하면 [계정과목조회] 팝업창이 활성화되면 [당좌예금]을 선택하고 Enter↵, 거래처(농협) 선택하고 Enter↵, 금액(2,000,000)입력하고 Enter↵ 하면 저장된다.

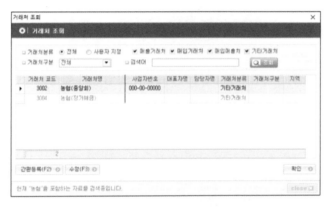

TIP

▶ 금액 입력시 +를 누르면 '000'(천단위)씩 입력된다.

▶ (예) 2,000,000원 입력시 2++로 입력하면 된다.

문제 03 **11월 25일** 이달분 종업원급여 ₩1,200,000중 소득세 ₩5,000과 건강보험료 ₩26,000을 차감한 잔액은 현금으로 지급하다.

분개	대체전표	(차) 종 업 원 급 여	1,200,000	(대) 예　수　금	31,000
				현　　　금	1,169,000

❶ My메뉴 옆 일반전표입력(4) (Ctrl + 4)나 화면왼쪽 [회계관리] → [재무회계] → [전표입력] → [일반전표입력]을 클릭한다.

❷ 전표일자(2023 - 11 - 25)를 입력하고 Enter↵ 한다.

❸ 구분[3.차변], 계정과목[종업] Enter↵ 하면 [계정과목조회] 팝업창이 활성화되면 [종업원급여]를 선택하고 Enter↵, 금액(1,200,000)입력하고 Enter↵ 한다.

❹ 구분[4.대변], 계정과목[예수] Enter↵ 하면 [계정과목조회] 팝업창이 활성화되면 [예수금]을 선택하고 Enter↵, 금액(31,000)입력하고 Enter↵ 한다.

❺ 구분[4.대변], 계정과목[현금] Enter↵ 하면 [계정과목조회] 팝업창이 활성화되면 [현금]을 선택하고 Enter↵, 금액(1,169,000)입력하고 Enter↵ 하면 저장된다.

TIP

▶ 입금전표 : 차변에 현금만 있을 때
▶ 출금전표 : 대변에 현금만 있을 때
▶ 대체전표 : 차변과 대변에 현금이 없거나, 다른 계정과 현금이 같이 있을 때
▶ 입금전표와 출금전표는 구분하지 않고 3.차변, 4.대변으로 입력해도 무방하다.

문제 04 **12월 6일** (주)버금전자공업에 발행한 약속어음 ₩20,000,000이 금일 만기가 되어 당점 당좌예금에서 지급되었다는 통지를 당사 거래은행인 농협으로부터 받다.(어음번호 : 자자11110006)

분개	대체전표	(차) 지급어음(버금)	20,000,000	(대) 당좌예금(농협)	20,000,000

❶ My메뉴 옆 일반전표입력(4) (Ctrl+4)나 화면왼쪽 [회계관리] → [재무회계] → [전표입력] → [일반전표입력]을 클릭한다.

❷ 전표일자(2023 - 12 - 06)를 입력하고 Enter↵ 한다.

❸ 구분[3.차변], 계정과목란에 [지급 Enter↵ 하면 [계정과목조회] 팝업창이 활성화되면 [지급어음]을 선택하면 [지급어음상태변경] 팝업창이 뜬다. 만기일자(2023.12.06~2023.12.06)를 입력하고, 해당 어음을 선택(√)하여 확인 ●을 클릭한다.

❹ 구분[4.대변], 계정과목란에 [당좌 Enter↵ 하면 [계정과목조회] 팝업창이 활성화되면 [당좌예금]을 선택하고 Enter↵ 하고, 거래처(농협)를 입력하고 Enter↵ 한다.

문제 05 **12월 7일** 기준정보에서 등록한 업무용 노트북(1대) ₩4,000,000을 현금으로 구입하다.

분개	출금전표	(차) 비 품	4,000,000	(대) 현 금	4,000,000

❶ My메뉴 옆 일반전표입력(4) ([Ctrl]+4)나 화면왼쪽 [회계관리] → [재무회계] → [전표입력] → [일반전표입력]을 클릭한다.

❷ 전표일자(2023 - 12 - 07)를 입력하고 [Enter↵] 한다.

❸ 구분[1.출금], 계정과목[비품][Enter↵]하고 금액(4,000,000)을 입력하고 [Enter↵]하면 저장된다.

TIP

▶ [회계관리] → [재무회계] → [장부관리] → [분개장]에서 전표입력 상태를 확인[조회 (F12)]하면서 입력해 가는 것이 좋은 방법이다.

문제 06 **12월 09일** (주)대박유통의 외상매출금 중 ₩5,000,000을 동점발행 당점수취의 약속어음(어음번호 타타12345678, 지급장소 : 국민은행, 만기일 2024년 3월 9일)으로 받다.

분개	대체전표	(차)	받을어음(대박)	5,000,000	(대)	외상매출금(대박)	5,000,000

❶ My메뉴 옆 [수금지급등록(3)] ([Ctrl] + 3)나 화면왼쪽 [영업물류] → [영업관리] → [거래등록] → [수금지급등록]을 클릭한다.

❷ 거래처((주)대박유통), 발행일자(2023 – 12 – 09), [⊙수납등록]과 계정과목(외상매출금)을 선택 한다.

❸ [수납내역]의 어음/당좌 [📁]을 클릭하여 어음등록 팝업창에 금액(5,000,000), 어음종류(약속어음), 어음번호(타타12345678), 만기일(2024 – 03 – 09), 발행인((주)대박유통), 발행은행(국민은행)을 입력과 선택하고 [저장(F5) ●]을 클릭한다.

❹ [저장(F5) ●]을 클릭하면 수납/지급을 저장하였습니다. 에서 [확인]버튼을 클릭하고 창을 닫는([─x─])다.

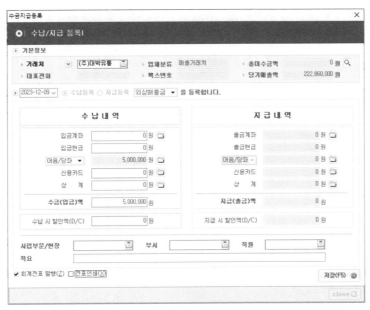

<table>
<tr><td>TIP</td></tr>
<tr><td>▶ 외상매출금회수, 선수금발생은 수금/지급등록(수납등록)에 등록하고, 수금내역에 입력한다.
▶ 외상매입금지급, 선급금지급은 수금/지급등록(지급등록)에 등록하고, 지급내역에 입력한다.
▶ 선급금과 선수금은 반드시 수금/지급등록에서 처리해야 구매등록과 판매등록을 할 수 있다.</td></tr>
</table>

문제 07 12월 10일 (주)충남전자에 대한 외상매입금 중 ₩15,000,000을 약속어음(어음번호 : 자자 11110008, 만기일 : 2024년 3월 10일, 발행은행 : 농협)을 발행하여 지급하다.

분개	대체전표	(차) 외상매입금(충남)	15,000,000	(대) 지급어음(충남)	15,000,000

❶ My메뉴 옆 수금지급등록(3)(Ctrl + 3)나 화면왼쪽 [영업물류] → [영업관리] → [거래등록] → [수금지급등록]을 클릭한다.

❷ 거래처((주)충남전자), 발행일자(2023 - 12 - 10), ⊙지급등록과 계정과목(외상매입금)을 선택 한다.

❸ [지급내역]의 어음/당좌🗔을 클릭하여 어음등록 팝업창에 금액(15,000,000), 어음종류(약속어음), 어음번호(자자11110008), 만기일(2024 - 03 - 10), 발행은행(농협)을 입력과 선택하고 저장(F5) ⊜ 을 클릭한다.

❹ 저장(F5) ⊜ 을 클릭하면 수납/지급을 저장하였습니다. 에서 [확인]버튼을 클릭하고 창을 닫는(❌)다.

TIP

▶ [수금/지급등록]에서 입력한 외상매출금회수, 선수금발생, 외상매입금지급, 선급금지급에 대한 전표수정 및 삭제는 [영업물류] → [영업관리] → [영업현황관리] → [일별영업현황]에서 한다.

문제 08 **12월 11일** (주)대박유통에서 다음과 같이 상품을 주문 받고 계약금 ₩600,000을 동점발행 수표로 받아 즉시 당좌예입(농협)하다.

다목적PC   10대   @₩230,000   ₩2,300,000

분개	대체전표	(차) 당좌예금(농협)	600,000	(대) 선수금(대박)	600,000

❶ My메뉴 옆 수금지급등록(3) (Ctrl + 3)나 화면왼쪽 [영업물류] → [영업관리] → [거래등록] → [수금지급등록]을 클릭한다.

❷ 거래처((주)대박유통), 발행일자(2023 - 12 - 11), ⊙수납등록 과 계정과목(선수금)을 선택 한다.

❸ [수납내역]의 입금계좌 🗂 을 클릭하여 금융자료입력 팝업창에 금융거래처(농협), 금액(600,000)을 입력과 선택하고 확인 ● 을 클릭한다.

❹ 저장(F5) ● 을 클릭하면 수납/지급을 저장하였습니다. 에서 [확인]버튼을 클릭하고 창을 닫는(x)다.

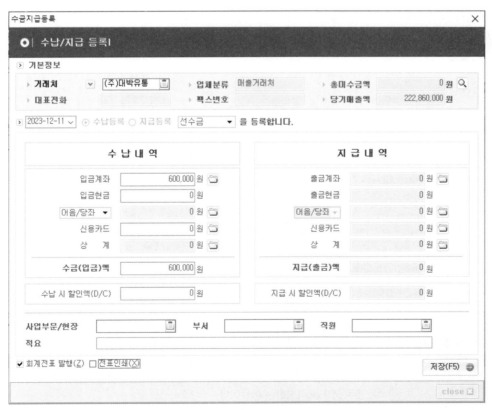

문제 09 **12월 12일**   (주)충남전자에 상품을 주문하고, 계약금 ₩500,000을 수표발행(농협)하여 지급하다.

분개	대체전표	(차)	선급금(충남)	500,000	(대)	당좌예금(농협)	500,000

❶ My메뉴 옆 수금지급등록(3)(Ctrl + 3)나 화면왼쪽 [영업물류] → [영업관리] → [거래등록] → [수금지급등록]을 클릭한다.

❷ 거래처((주)충남전자), 발행일자(2023 – 12 – 12), 지급등록과 계정과목(선급금)을 선택 한다.

❸ [지급내역]의 출금계좌를 클릭하여 금융자료입력 팝업창에 금융거래처(농협), 금액(500,000)을 입력하고 확인을 클릭한다.

❹ 저장(F5)을 클릭하면 수납/지급을 저장하였습니다. 에서 [확인]버튼을 클릭하고 창을 닫는(X)다.

TIP
▶ 판 매 등 록(Ctrl+1) : 상품을 매출(환입)한 경우 전표를 작성하는 메뉴이다.
▶ 구 매 등 록(Ctrl+2) : 상품을 매입(환출)한 경우 전표를 작성하는 메뉴이다.
▶ 수금지급등록(Ctrl+3) : 외상매출금, 선수금, 선수금을 수취한 경우와, 외상매입금, 선급금, 선급금을 지급한 경우 전표를 작성하는 메뉴이다.
▶ 일반전표관리(Ctrl+4) : 판매등록, 구매등록, 수금지급등록 이외에 모든 거래에 대한 전표를 작성하는 메뉴이다.

문제 10 **12월 13일** 상품을 매입하고 전자세금계산서를 발급받다. 대금은 선급금 ₩500,000을 차감한 잔액은 외상으로 하다

전자세금계산서		(공급받는자 보관용)				승인번호	20231213-XXXX0151			
공급자	등록번호	312-81-45646			공급받는자	등록번호	101-81-12340			
	상호	(주)충남전자	성명(대표자)	나충남		상호	(주)대명전자	성명(대표자)	김대명	
	사업장주소	충청남도 아산시 공세길 21				사업장주소	충청남도 천안시 서북구 쌍용대로 67			
	업태	제조	종사업장번호			업태	도매 및 상품중개업	종사업장번호		
	종목	가전				종목	가전			
	E-Mail	chungnam468@kcci.com				E-Mail	dmha23@kcci.com			

작성일자	2023.12.13	공급가액	6,300,000	세 액	630,000
비고					

월	일	품목명	규격	수량	단가	공급가액	세액	비고
12	13	디지털카메라	XX	20	200,000	4,000,000	400,000	
12	13	다목적PC	QQ	10	230,000	2,300,000	230,000	

합계금액	현금	수표	어음	외상미수금	이 금액을	○ 영수	함
6,930,000	500,000			6,430,000		● 청구	

❶ My메뉴 옆 구매등록(2) (Ctrl + 2)나, 화면왼쪽 [영업물류] → [영업관리] → [거래등록] → [구매등록]을 클릭한다.

❷ 거래처((주)충남전자), 거래일자(2023 - 12 - 13), 상품을 입력한다.

❸ 품목명/규격(디지털카메라), 수량(20), 단가(200,000)를 입력하고 행추가 + 또는 Enter↵ 한다.

❹ 품목명/규격(다목적PC), 수량(10), 단가(230,000)를 입력하고 행추가 + 또는 Enter↵ 한다.

❺ 화면 아래쪽 [선급금대체] 📷을 클릭하여 선급금대체 팝업창에 일자(2023.01.01~2023.12.31)을 입력하고 [조회]버튼을 클릭하고, 차감할 금액란에 500,000을 입력하고, 확인 ● 을 클릭한다.

❻ 화면 아래쪽 ☑ 세금계산서수취 와 ☑ 전자(V) 에 선택(√)하고, 저장(F5) ● 을 클릭한다.

▶ 결제방법을 입력하지 않으면 자동으로 외상매입금으로 회계처리 된다.
▶ 계좌송금 : 당좌예금, 보통예금 등으로 결제할 때 입력한다.
▶ 어음 : 받을어음, 지급어음으로 결제할 때 입력한다.

문제 11 **12월 15일** 상품을 판매하고 전자세금계산서를 발급하다. 대금은 선수금 ₩600,000을 차감한 잔액은 외상으로 하다.

전자세금계산서				(공급자 보관용)		승인번호		20231215-XXXX0253	

공급자	등록번호	101-81-12340			공급받는자	등록번호	203-81-39215		
	상호	(주)대명전자	성명(대표자)	김대명		상호	(주)대박유통	성명(대표자)	왕대박
	사업장주소	충청남도 천안시 서북구 쌍용대로 67				사업장주소	경기도 남양주시 경춘로 1000		
	업태	도매 및 상품중개업	종사업장번호			업태	소매	종사업장번호	
	종목	가전				종목	가전		
	E-Mail	dmha23@kcci.com				E-Mail	daebag00@kcci.com		

작성일자	2023.12.17	공급가액	4,000,000	세 액	400,000
비고					

월	일	품목명	규격	수량	단가	공급가액	세액	비고
12	15	디지털카메라	XX	10	250,000	2,500,000	250,000	
12	15	다목적PC	QQ	5	300,000	1,500,000	150,000	

합계금액	현금	수표	어음	외상미수금	이 금액을	● 영수	함
4,400,000	600,000			3,800,000		○ 청구	

❶ My메뉴 옆 판매등록(1) (Ctrl + 1)나 화면왼쪽 [영업물류] → [영업관리] → [거래등록] → [판매등록]을 클릭한다.

❷ 거래처((주)대박유통), 거래일자(2023 – 12 – 15), 상품매출을 입력한다.

❸ 품목명/규격(디지털카메라), 수량(10), 단가(250,000)를 입력하고
　행추가 ＋ 또는 Enter↵ 한다.

❹ 품목명/규격(다목적PC), 수량(5), 단가(300,000)를 입력하고
　행추가 ＋ 또는 Enter↵ 한다.

❺ 화면 아래쪽 [선수금대체]🖫을 클릭하여 선수금대체 팝업창에 일자
　(2023.01.01~2023.12.31)를 입력하고 [조회]버튼을 클릭하고, 차감
　할 금액란에 600,000을 입력하고, 확인 ◉ 을 클릭한다.

❻ 화면 아래쪽 ☑ 세금계산서발행✓와 ☑ 전자(M)에 선택(✓)하고,
　저장(F5) ◉ 을 클릭한다.

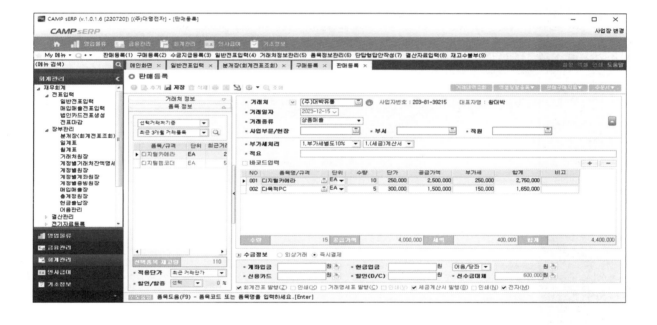

TIP

▶ 상품 환입/환출 일때에는 수량 입력시 " –"수량으로 입력하며, 다음 부분은 매입/매출 입력시와 동일하게 진행하면
된다.

문제 12 **12월 20일** (주)대명전자는 국민은행 현금 ₩5,000,000을 보통예입하다.

| 분개 | 출금전표 | (차) 보통예금(국민) | 5,000,000 | (대) 현 금 | 5,000,000 |

❶ My메뉴 옆 일반전표입력(4) (Ctrl + 4)나, 화면왼쪽 [회계관리] → [재무회계] → [전표입력] → [일반전표입력]을 클릭한다.

❷ 전표일자(2023 - 12 - 20)를 입력하고 Enter↵ 한다.

❸ 구분[1.출금], 계정과목[보통] Enter↵ 하면 [계정과목조회] 팝업창이 활성화되면 [보통예금]를 선택하고 Enter↵, 거래처[국민은행], 금액[5,000,000]을 입력하고 Enter↵ 하면 저장된다.

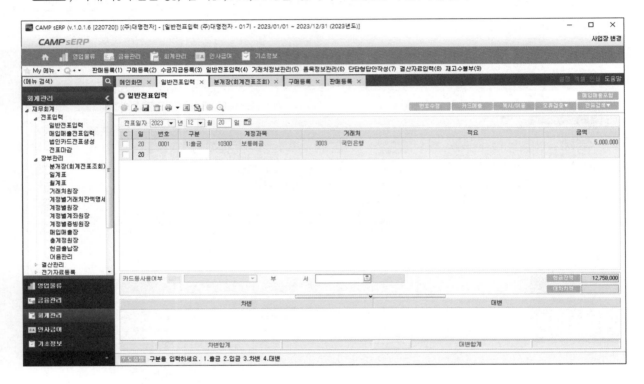

전표의 수정과 삭제

다음의 거래를 입력하고, 다시 수정과 삭제 하시오.

문제 01 12월 25일 단기투자목적으로 상장기업인 (주)대한상사 발행 주식 100주(액면 @₩10,000)를 @ ₩12,000에 매입하고, 매입수수료 ₩30,000과 함께 현금으로 지급하다.

분개	출금전표	(차) 당기손익－공정가치측정금융자산	1,200,000	(대) 현 금	1,230,000
		수 수 료 비 용	30,000		

※ 일반적인 수수료비용(83100)은 판매관리비이고, 당기손익－공정가치측정금융자산에 대한 수수료비용(94600)은 기타비용이다.

❶ My메뉴 옆 일반전표입력(4) (Ctrl + 4)나, 화면왼쪽 [회계관리] → [재무회계] → [전표입력] → [일반전표입력]을 클릭한다.

❷ My메뉴 옆 일반전표입력(4) (Ctrl + 4)나, 화면왼쪽 [회계관리] → [재무회계] → [전표입력] → [일반전표입력]을 클릭한다.

❸ 전표를 수정할 때는 수정할 전표를 선택하여 수정하고 Enter↵ 한다.

❹ 전표를 삭제할 때는 삭제할 전표를 선택하고 [아이콘 박스] 중에서 삭제 (F6) 아이콘을 클릭한다.

TIP

▶ 판매등록, 구매등록, 수금지급등록에서 등록하지 않은 일반전표관리에서 입력한 전표만 [회계관리] → [재무관리] → [전표입력] → [일반전표입력]에서 수정 및 삭제를 한다.

문제 02 12월 26일 (주)충남전자에서 디지털카메라 ₩1,000,000(5EA, @₩200,000)을 매입하고, 대금은 부가가치세 10%와 함께 외상으로 하다

❶ My메뉴 옆 구매등록(2) (Ctrl + 2)나, 화면왼쪽 [영업물류] → [영업관리] → [거래등록] → [구매등록]을 클릭하여 내용을 입력 저장한다.

❷ 아래쪽 상품매입대금의 결제방법을 입력하지 않으면 자동으로 [외상매입금]으로 처리된다.

❸ [회계관리] → [재무회계] → [전표입력] → [매입매출전표입력]에서 해당전표에서 발행된 세금계산서를 선택하고, [아이콘 박스] 중에서 삭제(F6) 아이콘을 이용하여 삭제한다.

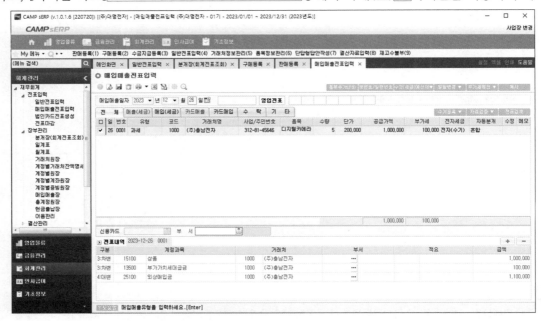

❹ 선택한 매입매출전표가 모두 삭제됩니다. 삭제하시겠습니까? [예(Y)]를 클릭한다.

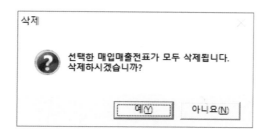

❺ [영업물류] → [영업현황관리] → [일별영업현황]을 클릭한다.

❻ 수정할 전표를 선택하고 상세조회/변경(F3) 을 클릭, [구매등록 조회/변경]팝업창에서 다시 수정(F3) 을 클릭하

고, [수량 5개를 10개로 수정해본다.] 수량5개를 10으로 수정하고, 화면 아래쪽 ☑세금계산서수취 와

☑ 전자(V) 에 선택(✔)하고, 💾 저장 을 클릭한다.

❼ 회계전표 발행 팝업창에서 [예]를 클릭 하고, 구매등록을 저장하였습니다. 라는 팝업창에서 [확인]을 클릭한다.

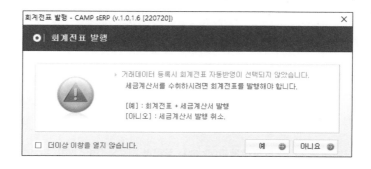

❽ 변경된 내용은 다음과 같다.

❾ 삭제할 때는 ❸❹❺번 과정은 동일하고, [일별영업현황]에서 해당 전표를 선택하고 🗑 삭제 버튼을 클릭하면 된다.

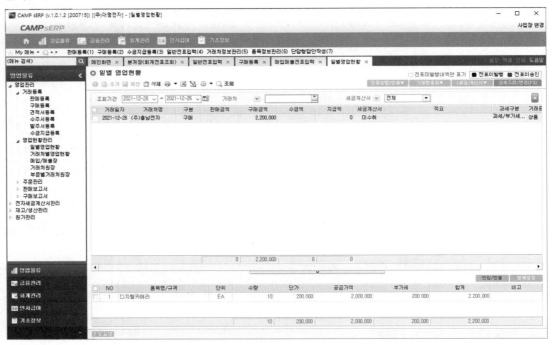

TIP

▶ 판매등록(1) 구매등록(2) 수금지급등록(3) 에서 등록한 전표는 [영업관리] → [영업현황관리] → [일별영업현황]에서 수정 및 삭제를 한다.

거래입력 혼자해보기

▸ 지시사항
CAMP sERP 프로그램을 '교육용로그인'할 때 불러오기를 클릭하고 [멘토스쿨(2023)] → [제2장 전산회계 실기 입문] → [2)혼자해보기]폴더에서 [(2)거래입력_혼자해보기.zip]를 불러온 후 진행합니다. [사용자번호 : (12345678), 성명 : (김갑수)]

■ [기초정보] → [회사(사업장)정보관리]에서 "(주)대한스포츠"를 확인 후 진행하세요.

문제 02 다음 거래를 입력하시오. 단, 채권, 채무 및 금융 거래는 거래처를 입력한다.   36점

① 12월 2일   다음의 비용이 발생하여 현금으로 지급하다.
         수도광열비 : ₩50,000   통신비 : ₩40,000   수선비 : ₩45,000
⇒ 입력절차 : [My메뉴 옆 일반전표입력(4)([Ctrl]+4)]

분개	출금전표	(차) 수 도 광 열 비	50,000	(대) 현 금	135,000
		통 신 비	40,000		
		수 선 비	45,000		

② 12월 5일   기업은행에 현금 ₩2,000,000을 계좌번호(123456-123-111)번으로 정기예금하다.
⇒ 입력절차 : [My메뉴 옆 일반전표입력(4)([Ctrl]+4)]

분개	출금전표	(차) 정기예금(기업)	2,000,000	(대) 현 금	2,000,000

③ 12월 8일   11월 21일에 출장 갔던 김능환 부장이 돌아와 다음과 같이 영수증을 제출하고, 남은 금액은 현금으로 반환하였다.
         교통비 ₩350,000   숙박비 ₩250,000   식대 300,000
⇒ 입력절차 : [회계관리] → [재무회계] → [장부관리] → [분개장(회계전표조회)]에서 가지급금을 확인한다.
         [My메뉴 옆 일반전표입력(4)([Ctrl]+4)]

분개	대체전표	(차) 여 비 교 통 비	900,000	(대) 가 지 급 금	1,000,000
		현 금	100,000		

④ 12월 10일   상암유통에서 받은 약속어음 ₩6,000,000이 금일 만기가 되어 당점 당좌예금에 입금되었다는 통지를 당사 거래은행인 국민은행으로부터 받다.(어음번호 : 아자 33334242)
⇒ 입력절차 : [My메뉴 옆 일반전표입력(4)([Ctrl]+4)] ※ 받을어음의 처리구분(결제), 결제금액(당좌예금)

분개	대체전표	(차) 당좌예금(국민)	6,000,000	(대) 받을어음(상암)	6,000,000

5 12월 13일　다음의 복합기(1대)를 ₩2,500,000에 구입하고 당좌수표(국민은행)를 발행하여 지급하다.
　⇒ 입력절차 : [My메뉴 옆 일반전표입력(4)(Ctrl+4)]

분개	대체전표	(차) 비　　　　품	2,500,000	(대) 당좌예금(국민)	2,500,000

6 12월 15일　상암유통의 외상매출금 중 ₩500,000을 동점발행 당점수취의 약속어음(어음번호 : 가나 12345678, 지급장소 : 우리은행, 만기일 : 2024년 3월 15일)으로 받다.
　⇒ 입력절차 : My메뉴 옆 수금지급등록(3)(Ctrl+3)

분개	대체전표	(차) 받을어음(상암)	500,000	(대) 외상매출금(상암)	500,000

7 12월 18일　(주)가나스포츠에 대한 외상매입금 중 ₩3,000,000을 약속어음을 발행하여 지급 하다.
　　　　　(어음번호 : 아자20001218, 만기일 : 2024년 3월 18일, 지급은행 : 국민은행)
　⇒ 입력절차 : My메뉴 옆 수금지급등록(3)(Ctrl+3)

분개	대체전표	(차) 외상매입금(가나)	3,000,000	(대) 지급어음(가나)	3,000,000

8 12월 20일　상품을 매입하고 전자세금계산서를 발급받다.

전자세금계산서			(공급받는자 보관용)			승인번호	20231220-XXXX0151	
공급자	등록번호	277-81-22224			공급받는자	등록번호	123-45-67890	
	상호	안산의류	성명(대표자)	오안산		상호	(주)대한스포츠	성명(대표자) 이대영
	사업장주소	경기도 안산시 단원구 고잔로 86				사업장주소	서울특별시 중구 명동2길 45	
	업태	제조	종사업장번호			업태	도,소매	종사업장번호
	종목	의류				종목	스포츠용품	
	E-Mail	ansan98@kcci.com				E-Mail	daehan65@kcci.com	

작성일자	2023.12.20.	공급가액	10,000,000	세 액	1,000,000
비고					

월	일	품목명	규격	수량	단가	공급가액	세액	비고
12	20	등산복	C-108	50	200,000	10,000,000	1,000,000	

합계금액	현금	수표	어음	외상미수금	이 금액을 ○ 영수 ◉ 청구	함
11,000,000				11,000,000		

　⇒ 입력절차 : My메뉴 옆 구매등록(2)(Ctrl+2)

분개	(차) 상　　　　품 10,000,000	(대) 외상매입금(안산) 11,000,000
	부가가치세대급금 1,000,000	

9 12월 26일   상품을 매출하고 전자세금계산서를 발급하다.

전자세금계산서		(공급자 보관용)				승인번호		20231226-XXXX0253	

	등록번호	123-45-67890				등록번호	412-81-34567		
공급자	상호	(주)대한스포츠	성명 (대표자)	이대영	공급받는자	상호	상암유통	성명 (대표자)	박지성
	사업장 주소	서울특별시 중구 명동2길 45				사업장 주소	서울특별시 마포구 하늘공원로 22		
	업태	도,소매	종사업장번호			업태	도,소매	종사업장번호	
	종목	스포츠용품				종목	스포츠용품		
	E-Mail	daehan65@kcci.com				E-Mail	sangam40@kcci.com		

작성일자	2023.12.26	공급가액	9,000,000	세 액	900,0000
비고					

월	일	품목명	규격	수량	단가	공급가액	세액	비고
12	26	등산복	C-108	30	300,000	9,000,000	900,000	

합계금액	현금	수표	어음	외상미수금	이 금액을	○ 영수 ● 청구	함
9,900,000				9,900,000			

⇒ 입력절차 : My메뉴 옆 판매등록(1) (Ctrl)+1)

분개	(차) 외상매출금(상암) 9,900,000	(대) 상 품 매 출 9,000,000 부가가치세예수금 900,000

TIP

• 전산회계운용사 3급 실기는 회계원리만 출제되므로 비용계정은 계정코드가 "8~"번으로 시작하는 판매관리비계정을 주로 사용한다.(계정코드가 "5~"번으로 시작하는 것은 제조원가계정이다.)
• 표준적요는 거래내용을 메모하는 곳으로 검정시험 채점과 관련이 없으므로 기장 생략한다.

03 기말정리 사항 따라해 보

▸지시사항

CAMP sERP 프로그램을 '교육용로그인'할 때 불러오기를 클릭하고 [멘토르스쿨(2023)] → [제2장 전산회계 실기 입문] → [1)따라해보기]폴더에서 [(3)기말정리_따라해보기.zip]를 불러온 후 진행합니다. [사용자번호 : (12345678), 성명 : (김갑수)]

[기초정보] → [회사(사업장)정보관리]에서 "(주)대명전자"를 확인 후 진행하세요.

주어진 '(주)대명전자'의 자료를 이용하여 다음의 기말정리 사항을 처리하시오.(재고평가는 선입선출법으로 하시오.)

수동으로 분개하여 입력하는 결산정리사항

문제 01 12월 31일　당기손익 – 공정가치측정금융자산을 공정가치(시가) ₩35,000,000으로 평가하다.

분개	대체전표	(차) 당기손익 – 공정가치 측 정 금 융 자 산	5,000,000	(대) 당기손익 – 공정가치측정 금 융 자 산 평 가 이 익	5,000,000

❶ [회계관리] → [결산관리] → [합계잔액시산표]를 조회 한다.

❷ 조회기간 : 2023 – 01 – 01 ~ 2023 – 12 – 31을 입력, 🔍[조회]버튼을 클릭한다.

❸ 공정가치(35,000,000) – 장부금액(30,000,000) = 평가이익(5,000,000)

❹ [My메뉴 옆 일반전표입력(4)([Ctrl] + 4)]를 클릭하여 전표를 작성한다.

C	일	번호	구분		계정과목	거래처	적요	금액
☐	31	0001	3:차변	10700	당기손익-공정가치측정금융자산			5,000,000
☐	31	0001	4:대변	90500	당기손익-공정가치측정금융자산평가이익			5,000,000
☐	31							

> **TIP**
>
> ▶ 당기손익–공정가치측정금융자산의 평가의 결산 정리분개
> ① 장부금액 〈 공정가치(시가) : (차) 당기손익 – 공정가치측정금융자산　　××
> 　　　　　　　　　　　　　　 (대) 당기손익 – 공정가치측정금융자산평가이익 ××
> ② 장부금액 〉 공정가치(시가) : (차) 당기손익 – 공정가치측정금융자산평가손실 ××
> 　　　　　　　　　　　　　　 (대) 당기손익 – 공정가치측정금융자산　　××

문제 02 12월 31일 3월 1일 지급된 보험료(1년분 ₩1,200,000)에 대해 기말정리분개를 하시오.
(단, 보험료는 월할로 계산한다.)

분개	대체전표	(차) 선 급 비 용	200,000	(대) 보 험 료	200,000

❶ 보험료 선급액 계산 ⇒ 1,200,000 ÷ 12 × 2(선급분) = 200,000

❷ [My메뉴 옆 일반전표입력(4)([Ctrl] + 4)]를 클릭하여 전표를 작성한다.

C	일	번호	구분		계정과목	거래처	적요	금액
□	31	0001	3:차변	10700	당기손익-공정가치측정금융자산			5,000,000
□	31	0001	4:대변	90500	당기손익-공정가치측정금융자산평가이익			5,000,000
□	31	0002	3:차변	13300	선급비용			200,000
□	31	0002	4:대변	82100	보험료			200,000
□	31							

TIP

▶ 문제에 주어진 보험료 지급액이 없는 경우 [합계잔액시산표]에서 [보험료]계정을 찾아 더블클릭하여 내용을 확인한다.

▶ 손익의 이연 및 예상의 결산 정리분개

(차)선급(비용) × × ×	(대)(비용계정) × × ×	(차)(수익계정) × × ×	(대)선수(수익) × × ×
(차)미수(수익) × × ×	(대)(수익계정) × × ×	(차)(비용계정) × × ×	(대)미지급(비용)× × ×

문제 03 12월 31일 현재 소모품 미사용액 ₩50,000이다.

| 분개 | 대체전표 | (차) 소 모 품 | 50,000 | (대) 소 모 품 비 | 50,000 |

❶ 합계잔액시산표에서 소모품비(비용처리법)를 확인한다.

❷ [My메뉴 옆 일반전표입력(4)([Ctrl]＋4)]를 클릭하여 전표를 작성한다.

C	일	번호	구분		계정과목	거래처	적요	금액
	31	0001	3:차변	10700	당기손익-공정가치측정금융자산			5,000,000
	31	0001	4:대변	90500	당기손익-공정가치측정금융자산평가이익			5,000,000
	31	0002	3:차변	13300	선급비용			200,000
	31	0002	4:대변	82100	보험료			200,000
	31	0003	3:차변	17600	소모품			50,000
	31	0003	4:대변	83000	소모품비			50,000
	31							

TIP

▶ 소모품 관련 결산정리 분개
① 비용처리법 (미사용액) : (차) 소 모 품 ×× (대) 소모품비 ××
② 자산처리법 (사 용 액) : (차) 소모품비 ×× (대) 소 모 품 ××

문제 04 12월 31일   매출채권에 대하여 1%의 대손충당금을 설정하다.

분개	대체전표	(차) 대 손 상 각 비	711,800	(대) (외상매출금) 대손충당금	661,800
				(받을어음) 대손충당금	50,000

❶ [회계관리] → [결산관리] → [결산자료입력]을 조회 한다.

❷ 조회기간 : 2023 - 01 ~ 2023 - 12를 입력, [조회]버튼을 클릭한다.

❸ 화면 우측상단 [대손상각]버튼을 클릭하고, 대손율 설정 1%를 확인하고 단기대여금 추가설정액 (100,000)은 삭제하고(0 [Enter↵], [결산반영 ◉]버튼을 클릭한다.

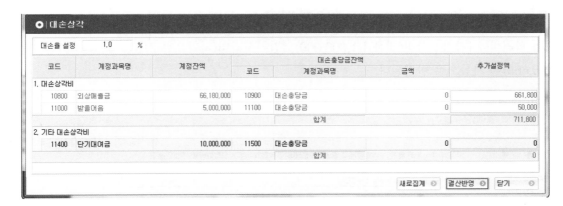

❹ 판매비와 관리비에 [대손상각비(외상매출금)](661,800), [대손상각비(받을어음)](50,000)이 자동으로 반영 된다.

> **TIP**
> ▶ 외상매출금(66,180,000) × 대손율(0.01) − 대손충당금 잔액(0) = 대손추가설정액(661,800)
> ▶ 받을어음(5,000,000) × 대손율(0.01) − 대손충당금 잔액(0) = 대손추가설정액(50,000)
> ▶ 매출채권(외상매출금, 받을어음))에 대한 대손을 설정하므로 기타채권(미수금, 미수수익, 대여금, 선급금 등은 금액을 0원으로 수정한다.

문제 05 12월 31일 현재 모든 유형자산에 대해 감가상각비를 계상하다.

❶ [회계관리] → [고정자산관리] → [고정(유형/무형)자산등록]에서 14.회사계상상각비에 금액이 있는지 확인한다.(없으면 내용연수를 클릭하고 [Enter↵]하고 저장([📷])한다.)

❷ 화면 우측상단 [감가상각]버튼을 클릭하고, [결산반영 ◎]버튼을 클릭한다.

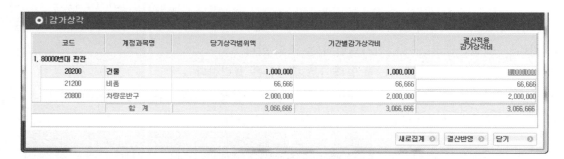

❸ 판매와 관리비에 [감가상각비(건물)](1,000,000), [감가상각비(차량운반구)](2,000,000), [감가상각비(비품)(66,666)이 자동으로 반영된다.

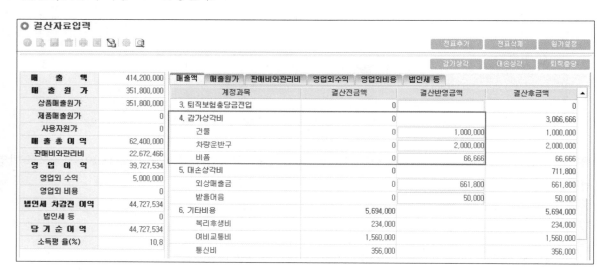

문제 06 12월 31일　기말상품재고액을 확인하여 정리하시오. (재고평가는 선입선출법으로 하시오.)

❶ [영업물류] → [재고/생산관리] → [환경설정] → [재고관리방법설정]메뉴에서 1.재고평가법 [선입선출법]
을 선택 하고, [저장(F5) ◉]한다.

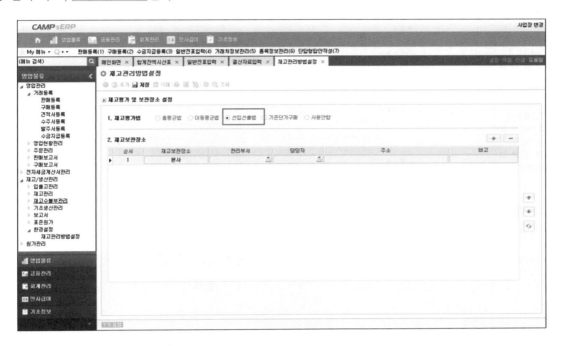

❷ [영업물류] → [재고/생산관리] → [재고수불부관리] → [재고수불부]클릭하고, 조회기간(2023 – 01 – 01 ~
2023 – 12 – 31입력하여 [조회] 버튼을 클릭하면 오른쪽 [재고금액] 맨 아래 (47,650,000)이 기말상품재고
액이다.

❸ 결산자료입력 화면상단 기말상품재고액(47,650,000)을 입력한다.

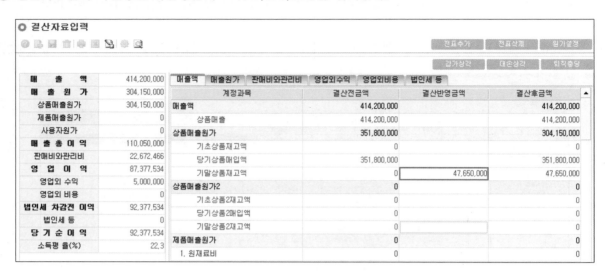

❹ 화면 우측 상단 전표추가 버튼을 클릭하여 결산전표를 생성한다.

❺ 결산전표를 발행하시겠습까? [예(Y)]을 클릭한다.

❻ 결산전표가 발행되었습니다. [확인]버튼을 클릭하고, 결산분개완료 을 확인한다.

❼ [My메뉴 옆 일반전표관리(4) ([Ctrl]+4)를 클릭하여 12월 31일 전표를 확인한다.

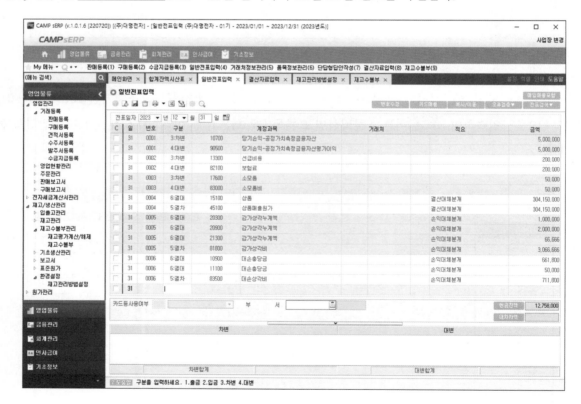

TIP

▶ 결산자료 입력시 반드시 [조회]버튼을 먼저 클릭해야 한다.
▶ 결산정리사항 입력은 수동분개입력사항을 먼저 입력하고, 자동결산자료입력하여 저장하여야 한다.

기말정리 사항 혼자해보기

▶ 지시사항

CAMP sERP 프로그램을 '교육용로그인'할 때 불러오기를 클릭하고 [멘토르스쿨(2023)] → [제2장 전산회계 실기 입문] → [2)혼자해보기]폴더에서 [(3)기말정리_혼자해보기.zip]를 불러온 후 진행합니다. [사용자번호 : (12345678), 성명 : (김갑수)]

■ [기초정보] → [회사(사업장)정보관리]에서 "(주)대한스포츠"를 확인 후 진행하세요.

문제 03 주어진 '(주)대한스포츠'의 자료를 이용하여 다음의 기말정리 사항을 처리하시오.(재고 평가는 선입선출법으로 하시오.)

1 12월 31일 현금과부족 중 ₩150,000은 영업부직원 회식비로 판명되고, 잔액은 원인불명이다.

⇒ 입력절차 : [My메뉴 옆 일반전표입력(4)(Ctrl+4)]

분개	대체전표	(차) 복 리 후 생 비	150,000	(대) 현 금 과 부 족	200,000
		잡 손 실	50,000		

2 12월 31일 현재 이자 미수액은 ₩50,000이다.

⇒ 입력절차 : [My메뉴 옆 일반전표입력(4)(Ctrl+4)]를 클릭하여 전표를 작성한다.

분개	대체전표	(차) 미 수 수 익	50,000	(대) 이 자 수 익	50,000

3 12월 31일 현재 매출채권 잔액에 대해 1%의 대손충당금을 설정하다.

⇒ 입력절차 : [회계관리] → [결산관리] → [결산자료입력] → 대손상각 → 결산반영 ▶

4 12월 31일 현재 모든 유형자산에 대해 감가상각비를 계상하다.

⇒ 입력절차 : [회계관리] → [결산관리] → [결산자료입력] → 감가상각 → 결산반영 ▶

5 12월 31일 기말상품재고액을 확인하여 정리하시오. (단, 재고평가법은 선입선출법으로 한다.)

⇒ 입력절차 : ❶ [영업물류] → [재고/생산관리] → [환경설정] → [재고관리방법설정]
❷ [영업물류] → [재고/생산관리] → [재고수불부관리] → [재고수불부] 기말상품재고액(17,946,000)을 확인하여 [결산자료입력] 기말상품재고액 입력하고 전표추가

C	일	번호	구분	계정과목		거래처	적요	금액
□	31	0001	4:대변	15000	현금과부족			200,000
□	31	0001	3:차변	81100	복리후생비			150,000
□	31	0001	3:차변	96000	잡손실			50,000
□	31	0002	3:차변	11600	미수수익			50,000
□	31	0002	4:대변	90100	이자수익			50,000
□	31	0003	6:결대	15100	상품		결산대체분개	20,200,000
□	31	0003	5:결차	45100	상품매출원가		결산대체분개	20,200,000
□	31	0004	6:결대	20300	감가상각계액		손익대체분개	500,000
□	31	0004	6:결대	20900	감가상각누계액		손익대체분개	166,666
□	31	0004	6:결대	21300	감가상각누계액		손익대체분개	441,666
□	31	0004	5:결차	81800	감가상각비		손익대체분개	1,108,332
□	31	0005	6:결대	10900	대손충당금		손익대체분개	123,940
□	31	0005	6:결대	11100	대손충당금		손익대체분개	95,000
□	31	0005	5:결차	83500	대손상각비		손익대체분개	218,940
□	31							

04 단답형 조회 따라해보기

▶ 지시사항

CAMP sERP 프로그램을 '교육용로그인'할 때 불러오기를 클릭하고 [멘토스쿨(2023)] → [제2장 전산회계 실기 입문] → [1)따라해보기]폴더에서 [(4)단답형조회_따라해보기.zip]를 불러온 후 진행합니다. [사용자번호 : (12345678), 성명 : (김갑수)]

▌ [기초정보] → [회사(사업장)정보관리]에서 "(주)대명전자"를 확인 후 진행하세요.

문제 01 5월 1일부터 9월 30일까지 현금 입금 총액은 얼마인가?   🖹 55,550,000

❶ [회계관리] → [재무회계] → [결산관리] → [합계잔액시산표]를 클릭한다.
❷ 조회기간 : (2023 – 05 – 01 ~ 2023 – 09 – 30) 🔍 (조회 F12)버튼을 클릭한다.
❸ 차변 합계란의 입금액 합계 ₩55,550,000을 확인 한다

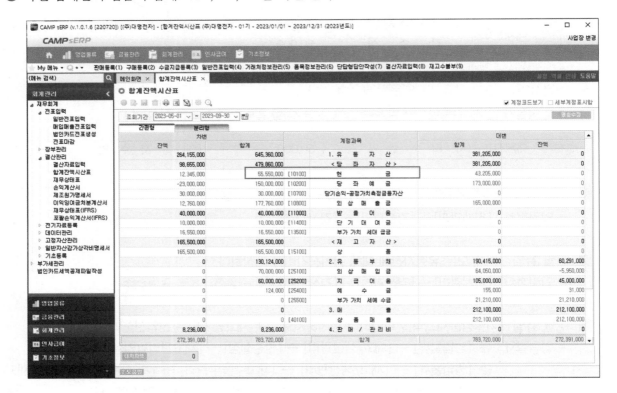

TIP

▶ 따라해 보기에서 제시한 곳 이외의 곳에서 조회해도 된다.
▶ 월별로 질문한 경우 합계잔액시산표에서 조회해도 되고 일별로 질문한 경우 계정별원장에서 조회해도 된다.
▶ 총계정원장에서는 일별과 월별모두 조회가 가능하다.

문제 02 9월말 현재 (주)대박유통에 대한 외상매출금 잔액은 얼마인가?   🈴 38,900,000

❶ [회계관리] → [재무회계] → [장부관리] → [거래처원장]을 클릭한다.

❷ 조회기간(2023 - 01 - 01 ~ 2023 - 09 - 30), 거래처명(대박유통) ~ (대박유통), 계정과목(외상매출금)~
   (외상매출금)을 입력하고, 🔍(조회 F12)버튼을 클릭한다.

❸ 잔액 ₩38,900,000을 확인한다.

> TIP
> • 9월 말일이 30일인지 31일인지 모를 경우 (▼)드롭단추를 클릭 확인하여 입력한다.

문제 03 5월 31일 현재 당좌예금(농협) 잔액은 얼마인가? 🖬 106,000,000

❶ [회계관리] → [재무회계] → [장부관리] → [계정별원장]을 클릭한다.
❷ 조회기간(2023 – 01 – 01 ~ 2023 – 05 – 31), 계정과목(당좌예금)을 입력하고, 🔍(조회 [F12])버튼을 클릭한다.
❸ 아래 스크롤을 오른쪽 이동하여 잔액 ₩106,000,000을 확인한다.

┌─────────────────────────────────────┐
│ T I P   │
│   │
│ ▶ [회계관리] → [재무회계] → [결산관리] → [합계잔액시산표]에서도 확인할 수 있다. │
│ ▶ [회계관리] → [재무회계] → [장부관리] → [총계정원장]에서도 확인할 수 있다. │
└─────────────────────────────────────┘

문제 04 10월 31일까지 회수한 받을어음 대금은 얼마인가?

📋 40,000,000

❶ [회계관리] → [재무회계] → [장부관리] → [계정별원장]을 클릭한다.

❷ 조회기간(2023 – 01 – 01 ~ 2023 – 10 – 31), 계정과목(받을어음)을 입력하고, 🔍(조회 F12)버튼을 클릭한다.

❸ 대변 합계 금액 ₩40,000,000을 확인한다.

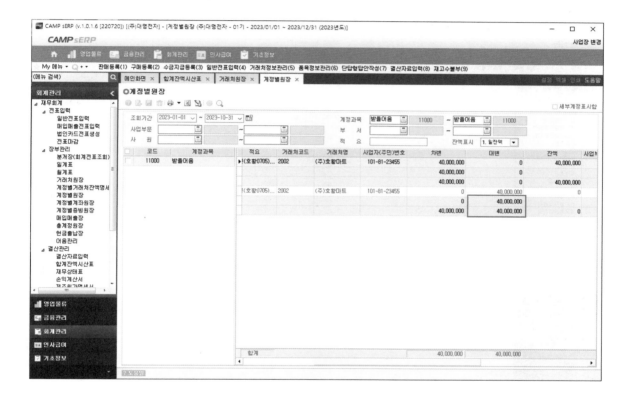

문제 05   5월 31일   현재 (주)호황마트에 대한 외상매출금 미회수액은 얼마인가?   🔲 4,380,000

❶ [회계관리] → [재무회계] → [장부관리] → [거래처원장]을 클릭한다.
❷ 조회기간(2023 – 01 – 01 ~ 2023 – 05 – 31), 거래처명((주)호황마트) ~ ((주)호황마트), 계정과목(외상매출금) ~(외상매출금)을 입력하고, 🔍(조회 F12)버튼을 클릭한다.
❸ 잔액 ₩4,380,000을 확인한다.

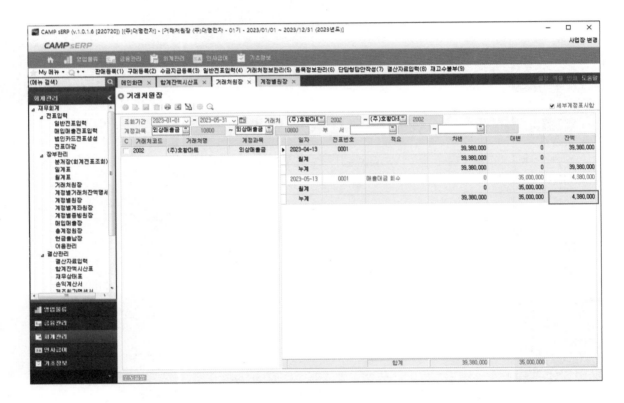

TIP

따라해보기는 자주 출제되는 문제 위주로 편성하였다. 따라해보기에 없는 문제가 모의고사 및 최신기출문제에 있는 경우 [해답]에서 해설부분을 참고하여 풀어 볼 것을 권한다.

문제 06 당기 말 현재 디지털카메라의 재고금액(선입선출법)은 얼마인가? 🗒 19,200,000

❶ [영업물류] → [재고/생산관리] → [환경설정] → [재고관리방법설정]메뉴에서 1.재고평가법 [선입선출법]을 확인한다.

❷ [영업물류] → [재고/생산관리] → [재고수불부관리] → [재고수불부]클릭하고, 조회기간(2023 - 01 - 01 ~ 2023 - 12 - 31)입력하여 조회 버튼을 클릭하면 오른쪽 [재고금액] 맨 아래 (19,200,000)이 기말상품재고액이다.

TIP
▶ 재고금액을 확인하기 위해 세로막대와 가로막대를 이동시켜야 확인 가능하다.

문제 07 1월 1일부터 12월 31일까지 한국채택국제회계기준(K-IFRS)에 의한 포괄손익계산서(기능별)에 표시되는 당기순이익은 얼마인가? 🖹 92,377,534

❶ [회계관리] → [재무회계] → [결산관리] → [포괄손익계산서(IFRS)]를 클릭한다.

❷ 조회기간(2023-01-01 ~ 2023-12-31)을 입력하고, 🔍(조회 F12)버튼을 클릭하여 당기순이익 (92,377,534)을 확인한다.

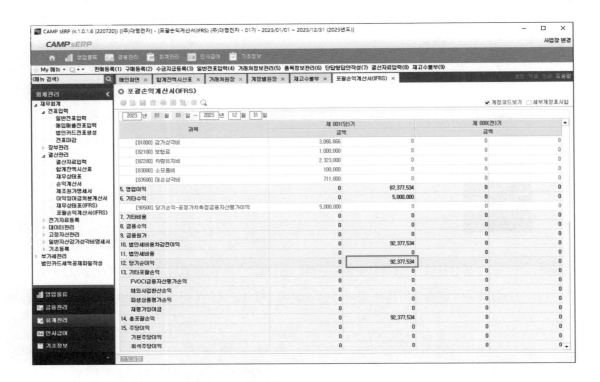

문제 08 12월 31일 현재 한국채택국제회계기준(K-IFRS)에 의한 재무상태표에 표시되는 유동자산의 금액은 얼마인가? 답 320,685,200

❶ [회계관리] → [재무회계] → [결산관리] → [재무상태표(IFRS)]를 클릭한다.

❷ 조회기간(2023 - 01 - 01 ~ 2023 - 12 - 31)을 입력하고, (조회 F12)버튼을 클릭하여 유동자산
(320,685,200)을 확인한다.

❸ 조회한 답을 [기초정보] → [답안관리] → [단답형답안작성]에 입력하여 저장한다.

TIP

▶ 조회한 답을 반드시 [기초정보] → [답안관리] → [단답형답안작성]에 입력하여 저장하여야 한다.

단답형 답안 저장

❶ 단답형 조회문제에 대한 답안 제출방법은 [기초정보]에서 [답안관리]⇒[단답형답안작성] 또는 MY메뉴 옆
단답형답안작성을 선택하여 단답형 답안을 입력 후 [저장]단추를 클릭하여 반드시 저장시킨다.

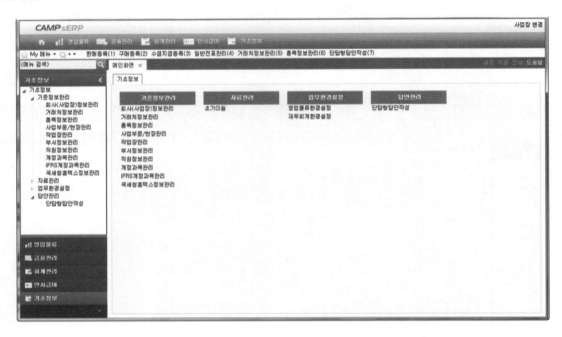

❷ 문자 외의 숫자는 ₩, 원, 월, 단위구분자(,) 등을 생략하고 숫자만 입력하되 소수점이 포함되어 있는 숫자의
경우에는 소수점을 입력합니다.
(예시) 54,200(○), 54.251(○), ₩54,200(×), 54,200원(×), 5월(×), 500개(×), 50건(×)

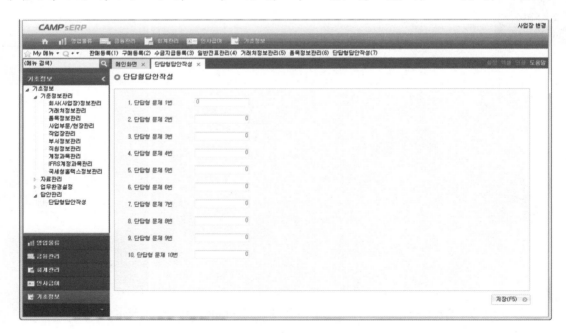

❸ 단답형 답안까지 완료되면 오른쪽 하단 저장(F5) ☑ 버튼을 클릭 한다.

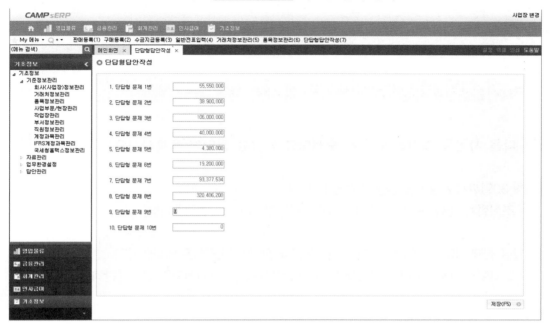

❹ 정상적으로 저장되었습니다. 화면이 나타나면 확인 버튼을 클릭한다.

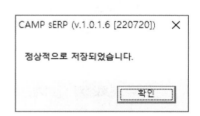

❺ 화면 오른쪽 상단[×]버튼을 클릭한다.

❻ 자료를 저장하시겠습니까? 화면이 나타나면 실제시험에서는 [예]를 클릭하고, 평소 연습할 때는 [아니요]를 클릭한다.

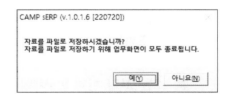

❼ CAMP sERP(v.1.0.1.6)을 종료하시겠습니까?에서 확인 ☑ 버튼을 클릭한다.

단답형 조회 혼자해보기

▶ 지시사항

CAMP sERP 프로그램을 '교육용로그인'할 때 불러오기를 클릭하고 [멘토르스쿨(2023)] → [제2장 전산회계 실기 입문] → [(2)혼자해보기]폴더에서 [(4)단답형조회_혼자해보기.zip]를 불러온 후 진행합니다. [사용자번호 : (12345678), 성명 : (김갑수)]

■ [기초정보] → [회사(사업장)정보관리]에서 "(주)대한스포츠"를 확인 후 진행하세요.

___
문제 04 다음 사항을 조회하여 번호 순서대로 단답형 답안에 등록하시오.

1. 4월 30일까지 지출된 현금총액은 얼마인가?
   ⇒ 조회절차 : [회계관리] → [재무회계] → [장부관리] → [현금출납장]   🔖 12,370,000

2. 6월말 현재 가나스포츠(주)에 대한 외상매입금 잔액(미지급액)은 얼마인가?
   ⇒ 조회절차 : [회계관리] → [재무회계] → [장부관리] → [거래처원장] → [잔액란]
   🔖 20,530,600

3. 6월 8일 현재 당좌예금(국민은행) 잔액은 얼마인가?
   ⇒ 조회절차 : [회계관리] → [재무회계] → [장부관리] → [계정별원장] → [잔액]   🔖 5,100,000

4. 10월 31일 까지 지급한 지급어음 대금은 얼마인가?
   ⇒ 조회절차 : [회계관리] → [재무회계] → [장부관리] → [계정별원장] → [차변 누계]   🔖 4,500,000

5. 1월 1일부터 12월 31일까지 한국채택국제회계기준(K-IFRS)에 의한 포괄손익계산서(기능별)에 표시되는 판매비와 관리비는 얼마인가?
   ⇒ 조회절차 : [회계관리] → [재무회계] → [결산관리] → [포괄손익계산서(IFRS)]   🔖 16,252,272

6. 6월 말 현재 티셔츠의 재고수량(선입선출법)은 몇 개(EA) 인가?
   ⇒ 조회절차 : [영업물류] → [재고/생산관리] → [재고관리] → [품목별재고현황]   🔖 190

7. 12월 31일 현재 한국채택국제회계기준(K-IFRS)에 의한 재무상태표에 표시되는 유동부채의 금액은 얼마인가?
   ⇒ 조회절차 : [회계관리] → [재무회계] → [결산관리] → [재무상태표(IFRS)]   🔖 40,859,200

___
TIP

▶ 조회한 답을 반드시 [기초정보] → [답안관리] → [단답형답안작성]에 입력하여 저장하여야 한다.

기말정리사항 요점정리

❶ 당기손익－공정가치측정금융자산의 평가

① 장부금액 〈 공정가치(시가)

(차) 당기손익－공정가치측정금융자산　×××　　　(대) 당기손익－공정가치측정금융자산평가이익　×××

② 장부금액 〉 공정가치(시가)

(차) 당기손익－공정가치측정금융자산평가손실　×××　　　(대) 당기손익－공정가치측정금융자산　×××

❷ 비용의 선급액(미경과액)

(차)　선급(비용)　　　×××　　　　　　(대)　(비　　용)　　　×××

❸ 수익의 선수액(미경과액)

(차)　(수　　익)　　　×××　　　　　　(대)　선수(수익)　　　×××

❹ 수익의 미수액(경과액)

(차)　미수(수익)　　　×××　　　　　　(대)　(수　　익)　　　×××

❺ 비용의 미지급액(경과액)

(차)　(비　　용)　　　×××　　　　　　(대)　미지급(비용)　　　×××

❻ 소모품 미사용(재고)액 또는 소모품 사용액

① 비용처리법(소모품미사용액)

(차)　소 모 품　　　×××　　　　　　(대)　소 모 품 비　　　×××

② 자산처리법(소모품사용액)

(차)　소 모 품 비　　　×××　　　　　　(대)　소 모 품　　　×××

❼ 임시가계정의 정리

① 차변의 가지급금 정리

(차)　여비교통비　　　×××　　　　　　(대)　가지급금　　　×××

② 대변의 가수금 정리

(차)　가 수 금　　　×××　　　　　　(대)　외상매출금(선수금)　　　×××

③ 차변의 현금과부족 정리

(차)　잡 손 실　　　×××　　　　　　(대)　현금과부족　　　×××

④ 대변의 현금과부족 정리

(차)　현금과부족　　　×××　　　　　　(대)　잡 이 익　　　×××

PART

03

모의고사

캠프(CAMP sERP)1.0.1.6버전과 기초데이터를 멘토르스쿨 홈페이지(http : //www.atrschool.co.kr)−[자료실]에서 다운받고 시작 합니다.

제1회 전산회계운용사 실기모의고사

※ 무 단 전 재 금 함	프로그램	제한시간	수험번호	성 명
	CAMP sERP	60분		

3급	B형

답안 작성시 유의사항

➤ 인적사항 누락 및 작성 오류로 인한 불이익은 수험자 책임으로 합니다.

➤ 시험은 반드시 주어진 문제의 순서대로 진행하여야 합니다.

➤ 반드시 지시사항에 따라 기초기업자료를 확인하고, 해당 기초기업자료가 나타나지 않는 경우는 감독관에게 문의하시기 바랍니다.

➤ 기초기업자료를 선택하여 해당 문제를 풀이한 후 프로그램 종료 전 반드시 답안을 저장해야 합니다.

➤ 각종 코드는 문제에서 제시된 코드로 입력하여야 하며, 수험자가 임의로 부여한 코드는 오답으로 처리합니다. 단, 문제에 코드가 없는 경우에는 그러하지 아니합니다.

➤ 계정과목을 입력할 때는 반드시 [검색] 기능이나 [조회] 기능을 이용하여 계정과목을 등록하되 다음의 자산은 변경 후 계정과목(평가손익, 처분손익)을 적용합니다.

변경 전	변경 후
계정과목	계정과목
단기매매금융자산	당기손익–공정가치측정금융자산
매도가능금융자산	기타포괄손익–공정가치측정금융자산
만기보유금융자산	상각후원가측정금융자산

➤ 답안파일명은 자동으로 부여되므로 별도 답안파일을 작성할 필요가 없습니다. 또한, 답안 저장 및 제출 시간은 별도로 주어지지 아니하므로 제한 시간 내에 답안 저장 및 제출을 완료해야 합니다.

대한상공회의소

합격마법사 | 전산회계운용사 실기 **모의고사**

문제 01 회계원리

▶ 지시사항

지시사항 : 다음의 1번, 2번, 3번, 4번 문항은 CAMP sERP 프로그램을 '교육용로그인'할 때 불러오기를 클릭하고 [멘토르스쿨(2023) → [제3장 모의고사] → [제1회 모의고사]_천안전자(주).zip(회계연도는 2023.1.1 ~ 12.31이다.)를 불러온 후 진행합니다. [사용자번호 : (12345678), 성명 : (김갑수)]

01 다음 제시되는 기준정보를 입력하시오.   16점/각4점

① 다음의 신규 거래처를 등록하시오.   각2점

거래처(상호)명	거래처분류(구분)	거래처코드	대표자	사업자번호	업태/종목
황성전자(주)	매입처(일반)	00104	조명희	128-81-03041	제조/컴퓨터주변기기
대전유통(주)	매출처(일반)	00205	김영숙	129-81-25636	도소매/컴퓨터주변기기

② 다음의 고정자산을 등록하시오.

자산코드	계정과목(자산계정)	취득일자	자산명	수량	취득금액	내용연수	상각방법	경비구분
203	차량운반구	2023.12.18.	화물차	1	₩15,000,000	5년	정액법	판관비

③ 다음의 신규 부서를 등록하시오.   각 2점

조직(부서)명	조직(부서)코드	제조/판관	비고
판촉부	40	판관	
구매부	50	판관	

④ 다음의 신규 상품(품목)을 등록하시오.

품목코드	품목(품명)	(상세)규격	품목구분(종류)	단위
104	스피커	PW	상품	EA

02 다음 거래를 입력하시오. 단, 채권, 채무 및 금융 거래는 거래처를 입력한다.   36점/각4점

1 12월 3일   11월 30일 종업원에게 지급하였던 가지급금 ₩500,000을 다음과 같이 정산하고 잔액을
            현금으로 회수하다.

여 비 정 산 서

소 속	영업부	직위	사원		성명	정수호
출장일정	일 시	2023년 12월 1일 ~ 2023년 12월 3일				
	출장지	코엑스 박람회				
지급받은 금액	₩500,000	사용금액	₩450,000	반납금액		₩50,000
사용내역						
숙박비		₩350,000	KTX 요금			₩100,000
이하 생략						

2 12월 5일   대성전자(주)로부터 상품을 매입하기로 계약을 체결하고 계약금 ₩1,000,000을 우리은행
            보통예금계좌에서 이체하여 지급하다.

3 12월 12일 단기 투자 목적으로 상장회사 드림산업(주)의 발행주식 100주(액면금액: @₩5,000)를 1
            주당 ₩9,000에 구입하고 대금은 우리은행 보통예금 계좌에서 이체하다. **단, 계정과목은
            답안 작성 시 유의사항을 참고한다.**

4 12월 18일 ㈜동진으로부터 기준정보에서 등록한 화물차를 구입하고 대금 ₩15,000,000은 2개월 후
            에 지급하기로 하다.

5 12월 19일 6월 20일 대한금융(주)로부터 차입한 단기차입금 ₩15,000,000과 이자 ₩85,000을 우리
            은행 보통예금계좌에서 이체하여 상환하다.

6 12월 20일 상품을 매입하고 전자세금계산서를 발급받다. 대금 중 ₩10,000,000은 약속어음(어음번
            호: 가라20230012, 만기일: 2024년 3월 5일, 지급은행: 기업은행)을 발행하여 지급하
            고 잔액은 외상으로 하다.

전자세금계산서 (공급받는자 보관용)

승인번호	20231220-XXXX0151

공급자

등록번호	103-81-12347		
상호	매경전자(주)	성명(대표자)	정수일
사업장주소	경기도 구리시 경춘로 107		
업태	제조	종사업장번호	
종목	전자제품		
E-Mail	mkaa33@kcci.com		

공급받는자

등록번호	121-81-10013		
상호	천안전자(주)	성명(대표자)	박우리
사업장주소	인천광역시 동구 금곡로 101		
업태	도매 및 상품중개업	종사업장번호	
종목	컴퓨터 주변기기		
E-Mail	woori123@kcci.com		

작성일자	2023.12.20	공급가액	15,000,000	세 액	1,500,000
비고					

월	일	품목명	규격	수량	단가	공급가액	세액	비고
12	20	키보드	KEY	1,000	15,000	15,000,000	1,500,000	

합계금액	현금	수표	어음	외상미수금	이 금액을	○ 영수 ◉ 청구	함
16,500,000			10,000,000	6,500,000			

7 12월 21일 상품을 판매하고 전자세금계산서를 발급하다.

전자세금계산서 (공급자 보관용)

승인번호	20231221-XXXX0253

공급자

등록번호	121-81-10013		
상호	천안전자(주)	성명(대표자)	박우리
사업장주소	인천광역시 동구 금곡로 101		
업태	도매 및 상품중개업	종사업장번호	
종목	컴퓨터 및 주변장치		
E-Mail	woori123@kcci.com		

공급받는자

등록번호	220-81-64422		
상호	청명전자(주)	성명(대표자)	이제호
사업장주소	서울특별시 광진구 광나루로 369		
업태	도소매	종사업장번호	
종목	컴퓨터주변기기		
E-Mail	cheong88@kcci.com		

작성일자	2023.12.21	공급가액	36,000,000	세 액	3,600,000
비고					

월	일	품목명	규격	수량	단가	공급가액	세액	비고
12	21	마우스	DPI	800	40,000	32,000,000	3,200,000	
12	21	키보드	KEY	200	20,000	4,000,000	400,000	

합계금액	현금	수표	어음	외상미수금	이 금액을	○ 영수 ◉ 청구	함
39,600,000				39,600,000			

8 12월 24일 매입처 우리컴퓨터(주)의 외상매입금 ₩20,000,000을 약속어음(어음번호: 가라20200013, 만기일: 2024년 3월 24일, 지급은행: 기업은행)으로 발행하여 지급하다.

9 12월 28일 회사 업무용 차량 2분기 자동차세 ₩300,000을 우리은행 보통예금계좌에서 이체하다.

03 다음 기말(12월 31일) 결산 정리 사항을 회계 처리하고 마감하시오. 20점/각4점

1️⃣ 당기 소모품비 사용액은 ₩2,000,000이다.

2️⃣ 장기대여금에 대한 이자 미수분 ₩2,500,000을 계상하다.

3️⃣ 모든 비유동자산에 대하여 감가상각비를 계상하다.

4️⃣ 매출채권 잔액에 대하여 1%의 대손충당금(보충법)을 설정하다.

5️⃣ 기말상품재고액을 입력하고 결산 처리하다. 단, 재고평가는 선입선출법으로 한다.

04 다음 사항을 조회하여 번호 순서대로 단답형 답안에 등록하시오. 28점/각4점

※ CAMP는 [단답형답안작성]메뉴에서 답안을 등록 후 [저장]버튼을 클릭합니다.
New sPLUS는 [단답형답안]메뉴에서 답안을 등록 후 [답안저장]버튼을 클릭합니다.
※ 문자 외의 숫자는 ₩, 원, 월, 단위구분자(,) 등을 생략하고 숫자만 입력하되 소수점이
포함되어 있는 숫자의 경우에는 소수점을 입력합니다.
(예시) 54200(○), 54.251(○), ₩54,200(×), 54,200원(×), 5월(×), 500개(×), 50건(×)

1️⃣ 2월 20일 현재 키보드의 재고수량은 몇 개(EA)인가?

2️⃣ 3월 1일부터 7월 31일까지의 상품매출 총액은 얼마인가?

3️⃣ 10월 31일 현재 청명전자(주)의 외상매출금 잔액은 얼마인가?

4️⃣ 11월 10일 현재 보통예금 잔액은 얼마인가?

5️⃣ 11월 중에 발생한 판매비와관리비 총액은 얼마인가?

6️⃣ 12월 31일 현재 한국채택국제회계기준(K-IFRS)에 의한 재무상태표에 표시되는 비유동자산은 얼마인가?

7️⃣ 1월 1일부터 12월 31일까지 한국채택국제회계기준(K-IFRS)에 의한 포괄손익계산서(기능별)에 표시되는 판매비와관리비는 얼마인가?

▶ 답안저장하기 : 오른쪽 상단의 [종료 또는 로그아웃]버튼 클릭 → 답안파일 제출

제2회 전산회계운용사 실기모의고사

※ 무 단 전 재 금 함	프로그램	제한시간	수험번호	성 명
	CAMP sERP	60분		

3급	B형

답안 작성시 유의사항

➤ 인적사항 누락 및 작성 오류로 인한 불이익은 수험자 책임으로 합니다.

➤ 시험은 반드시 주어진 문제의 순서대로 진행하여야 합니다.

➤ 반드시 지시사항에 따라 기초기업자료를 확인하고, 해당 기초기업자료가 나타나지 않는 경우는 감독관에게 문의하시기 바랍니다.

➤ 기초기업자료를 선택하여 해당 문제를 풀이한 후 프로그램 종료 전 반드시 답안을 저장해야 합니다.

➤ 각종 코드는 문제에서 제시된 코드로 입력하여야 하며, 수험자가 임의로 부여한 코드는 오답으로 처리합니다. 단, 문제에 코드가 없는 경우에는 그러하지 아니합니다.

➤ 계정과목을 입력할 때는 반드시 [검색] 기능이나 [조회] 기능을 이용하여 계정과목을 등록하되 다음의 자산은 변경 후 계정과목(평가손익, 처분손익)을 적용합니다.

변경 전	변경 후
계정과목	계정과목
단기매매금융자산	당기손익-공정가치측정금융자산
매도가능금융자산	기타포괄손익-공정가치측정금융자산
만기보유금융자산	상각후원가측정금융자산

➤ 답안파일명은 자동으로 부여되므로 별도 답안파일을 작성할 필요가 없습니다. 또한, 답안 저장 및 제출 시간은 별도로 주어지지 아니하므로 제한 시간 내에 답안 저장 및 제출을 완료해야 합니다.

대한상공회의소

문제 01 회계원리

▶ 지시사항

다음의 1번, 2번, 3번, 4번 문항은 CAMP sERP 프로그램을 '교육용로그인'할 때 불러오기를 클릭하고 [멘토르스쿨(2023) → [제3장 모의고사] → [제2회 모의고사]_삼거리자전거(주).zip(회계연도는 2023.1.1 ~ 12.31이다.)를 불러온 후 진행합니다. [사용자번호 : (12345678), 성명 : (김갑수)]

---

01 다음 제시되는 기준정보를 입력하시오.   16점/각4점

1 다음의 신규 거래처를 등록하시오.   각2점

거래처(상호)명	거래처분류(구분)	거래처코드	대표자	사업자번호	업태/종목
대봉자전거(주)	매입처(일반)	02004	김대봉	110-81-48732	제조업/자전거및이륜차
창원자전거(주)	매출처(일반)	03005	이창원	608-81-12347	도소매업/자전거및자전거부품

2 다음 유형자산을 등록하시오.

자산코드	계정과목(자산계정)	자산명	수량	취득일	취득가액	내용연수	상각방법
302	비품	냉장고	1개	2023.12.22	₩1,200,000	5년	정률법

3 다음의 신규 상품(품목)을 등록하시오.

품목코드	품목/가격	(상세)규격	품목종류(자산)	기준단위
4004	모터사이클형자전거	PP	상품	EA

4 다음의 신규 부서를 등록하시오.   각2점

조직(부서)명	조직(부서)코드	제조/판관	비고
구매지원팀	13	판관	
신사업팀	14	판관	

다음 거래를 입력하시오. 단, 채권, 채무 및 금융 거래는 거래처를 입력한다.

1 12월 4일　저리개발(주)에 대한 단기대여금과 당기분 이자 ₩710,000을 포함한 전액이 보통예금(기업은행) 계좌에 입금되다.

보통예금 통장 거래 내역

기업은행

번호	날짜	내용	출금액	입금액	잔액	거래점
		계좌번호 999-789-01-998877 삼거리자전거(주)				
1	20231204	저리개발(주)		10,710,000	***	***
		이　하　생　략				

2 12월 6일　진진부동산(주)에서 상품 보관창고를 매입하기로 하고 계약금 ₩12,000,000을 보통예금(기업은행) 계좌에서 이체하여 지급하다.

3 12월 8일　상품을 매입하고 전자세금계산서를 발급받다.

전자세금계산서

(공급받는자 보관용)　승인번호 20231208-XXXX0151

공급자	등록번호	106-81-33278			공급받는자	등록번호	109-81-12345		
	상호	한국자전거(주)	성명(대표자)	이고상		상호	삼거리자전거(주)	성명(대표자)	김현태
	사업장주소	서울특별시 용산구 백범로 350				사업장주소	서울특별시 강서구 공항대로 20		
	업태	제조	종사업장번호			업태	도매 및 상품중개업	종사업장번호	
	종목	자전거				종목	자전거및자전거부품		
	E-Mail	koreabike25@kcci.com				E-Mail	tkarjfl00@kcci.com		

작성일자	2023.12.08.	공급가액	14,000,000	세 액	1,400,000
비고					

월	일	품목명	규격	수량	단가	공급가액	세액	비고
12	8	도로형자전거	RR	35	400,000	14,000,000	1,400,000	

합계금액	현금	수표	어음	외상미수금	이 금액을	○ 영수 ● 청구	함
15,400,000				15,400,000			

4 12월 11일　한국유통(주)의 미지급금을 전액 당좌예금(신한은행) 계좌에서 이체하여 지급하다.

5 12월 13일　매입처 푸른자전거제조(주)의 외상매입금 ₩50,000,000에 대해 ₩10,000,000은 자기앞수표로 지급하고, 잔액은 보통예금(기업은행) 계좌에서 이체하여 지급하다.

6 12월 15일 　상품을 매출하고 전자세금계산서를 발행하다.

전자세금계산서				(공급자 보관용)		승인번호		20231215-XXXX0253	

공급자	등록번호	109-81-12345			공급받는자	등록번호	128-81-53954		
	상호	삼거리자전거(주)	성명(대표자)	김현태		상호	오천자전거(주)	성명(대표자)	강오열
	사업장주소	서울특별시 강서구 공항대로 20				사업장주소	경기도 고양시 일산동구 중앙로 1000		
	업태	도매 및 상품중개업	종사업장번호			업태	도소매	종사업장번호	
	종목	자전거및자전거부품				종목	자전거		
	E-Mail	tkarjfl00@kcci.com				E-Mail	ohcheon11@kcci.com		

작성일자	2023.12.15.	공급가액	40,000,000	세 액	4,000,000
비고					

월	일	품목명	규격	수량	단가	공급가액	세액	비고
12	15	시티자전거	CC	50	800,000	40,000,000	4,000,000	

합계금액	현금	수표	어음	외상미수금	이 금액을	○ 영수	함
44,000,000				44,000,000		◉ 청구	

7 12월 18일 　단기 시세 차익을 목적으로 보유중인 대호전자(주) 주식 2,500주(액면금액 @₩5,000, 취득금액 @₩12,000) 중 1,000주를 1주당 ₩8,500에 처분하고, 대금은 보통예금(기업은행) 계좌에 입금하다.

8 12월 22일 　기준정보에서 등록한 냉장고 1대를 ₩1,200,000에 구입하고, 대금은 보통예금(기업은행) 계좌에서 이체하여 지급하다.

9 12월 26일 　불우이웃돕기 목적으로 쌀을 구입하여 사회복지법인에 제공하다. 대금 ₩810,000은 KB카드로 결제하다.

03 다음 기말(12월 31일) 결산 정리 사항을 회계 처리하고 마감하시오.　　　　20점/각4점

1 보험료 선급분(기간 미경과분) ₩2,940,000을 계상하다.

2 2024년 만기가 도래하는 신한캐피탈(주)의 장기차입금 ₩150,000,000을 유동성으로 대체하다.

3 매출채권 잔액에 대하여 1%의 대손충당금(보충법)을 설정하다.

4 모든 비유동자산에 대하여 감가상각비를 계상하다.

5 기말상품재고액을 입력하고 결산 처리하다. 단, 재고평가는 선입선출법으로 한다.

04 다음 사항을 조회하여 번호 순서대로 단답형 답안에 등록하시오.　　　　28점/각4점

> ※ CAMP sERP는 [단답형답안작성]메뉴에서 답안을 등록 후 [저장]버튼을 클릭합니다.
>   New sPLUS는 [답안수록]메뉴에서 답안을 등록 후 [답안저장]버튼을 클릭합니다.
> ※ 문자 외의 숫자는 ₩, 원, 월, 단위구분자(,) 등을 생략하고 숫자만 입력하되 소수점이 포함되어 있는 숫자의
>   경우에는 소수점을 입력합니다.
>   (예시) 54200(○), 54.251(○), ₩54,200(×), 54,200원(×), 5월(×), 500개(×), 50건(×)

1 1월부터 4월까지의 판매비와관리비가 가장 많은 달은 몇 월인가?

2 1월부터 6월까지 산악용자전거의 판매수량은 몇 개(EA)인가?

3 4월부터 7월까지 외상매출금 회수액은 얼마인가?

4 7월 28일 현재 시티자전거 재고는 몇 개(EA)인가?

5 7월 31일 현재 외상매입금 잔액이 가장 많은 거래처코드는 무엇인가?

6 1월 1일부터 12월 31일까지 한국채택국제회계기준(K-IFRS)에 의한 포괄손익계산서(기능별)에 표시되는 금융수익은 얼마인가?

7 12월 31일 현재 한국채택국제회계기준(K-IFRS)에 의한 재무상태표에 표시되는 비유동부채는 얼마인가?

▶ 답안저장하기 : 오른쪽 상단의 [종료 또는 로그아웃]버튼 클릭 → 답안파일 제출

제3회 전산회계운용사 실기모의고사

※ 무 단 전 재 금 함	프로그램	제한시간	수험번호	성 명
	CAMP sERP	60분		

3급	B형

답안 작성시 유의사항

➤ 인적사항 누락 및 작성 오류로 인한 불이익은 수험자 책임으로 합니다.

➤ 시험은 반드시 주어진 문제의 순서대로 진행하여야 합니다.

➤ 반드시 지시사항에 따라 기초기업자료를 확인하고, 해당 기초기업자료가 나타나지 않는 경우는 감독관에게 문의하시기 바랍니다.

➤ 기초기업자료를 선택하여 해당 문제를 풀이한 후 프로그램 종료 전 반드시 답안을 저장해야 합니다.

➤ 각종 코드는 문제에서 제시된 코드로 입력하여야 하며, 수험자가 임의로 부여한 코드는 오답으로 처리합니다. 단, 문제에 코드가 없는 경우에는 그러하지 아니합니다.

➤ 계정과목을 입력할 때는 반드시 [검색] 기능이나 [조회] 기능을 이용하여 계정과목을 등록하되 다음의 자산은 변경 후 계정과목(평가손익, 처분손익)을 적용합니다.

변경 전	변경 후
계정과목	계정과목
단기매매금융자산	당기손익-공정가치측정금융자산
매도가능금융자산	기타포괄손익-공정가치측정금융자산
만기보유금융자산	상각후원가측정금융자산

➤ 답안파일명은 자동으로 부여되므로 별도 답안파일을 작성할 필요가 없습니다. 또한, 답안 저장 및 제출 시간은 별도로 주어지지 아니하므로 제한 시간 내에 답안 저장 및 제출을 완료해야 합니다.

합격마법사 | 전산회계운용사 실기 **모의고사**

문제 01 회계원리

▶ 지시사항

다음의 1번, 2번, 3번, 4번 문항은 CAMP sERP 프로그램을 '교육용로그인'할 때 불러오기를 클릭하고 [멘토르스쿨(2023)] → [제3장 모의고사] → [제3회 모의고사]_우리컴퓨터(주).zip(회계연도는 2023.1.1 ~ 12.31이다.)를 불러온 후 진행합니다. [사용자번호 : (12345678), 성명 : (김갑수)]

01 다음 제시되는 기준정보를 입력하시오.   16점/각4점

1 다음의 신규 거래처를 등록하시오.   각2점

거래처 (상호)명	거래처분류(구분)	거래처코드	대표자	사업자번호	업태/종목
(주)부천정보유통	매입처(일반)	00204	정현우	124-81-00998	도소매/컴퓨터
(주)전주정보유통	매출처(일반)	00104	홍지선	402-81-55336	도소매/컴퓨터

2 다음 유형자산을 등록하시오.

계정과목 (과목명)	자산(코드)	자산(명)	취득수량	취득일	취득금액	내용연수	상각방법
비품	00302	진공청소기	1개	2023.12.12.	₩1,000,000	5년	정률법

3 다음의 신규 상품(품목)을 등록하시오.

품목코드	품목(품명)	(상세)규격	품목종류(자산)	기본단위(단위명)
1007	CPU	A7	상품	EA

4 다음의 신규 부서를 등록하시오.   각2점

(부서)코드	부서명	제조/판관	비고
13	인사팀	판관	
14	총무팀	판관	

02 다음 거래를 입력하시오. 단, 채권, 채무 및 금융 거래는 거래처를 입력한다. 36점/각4점

1 12월 3일   정하나 직원에게 출장을 명하고 여비개산액 ₩500,000을 현금으로 지급하다.

2 12월 5일   영업부 직원의 생일 선물 ₩200,000을 숭례문마트(주)에서 구입하고 KB국민카드로 결제하다.

3 12월 12일   기준정보에서 등록한 진공청소기를 대한전자유통(주)로부터 ₩1,000,000에 구입하고, 대금은 외상으로 하다.

4 12월 13일   우리은행의 유동성장기부채 ₩50,000,000에 대한 이자 ₩250,000을 현금으로 지급하다.

5 12월 16일   단기 시세 차익을 목적으로 보유중인 대양컴퓨터정보(주) 주식 1,500주(액면금액: @₩5,000, 장부금액: @₩7,500) 중 1,000주를 1주당 ₩8,500에 처분하고, 대금은 보통예금(신한은행) 계좌로 입금 받다.

6 12월 19일   상품을 매입하고 전자세금계산서를 발급받다.

<table>
<tr><td colspan="7" style="text-align:center">전자세금계산서   (공급받는자 보관용)</td><td>승인번호</td><td>20231219-XXXX0151</td></tr>
<tr><td rowspan="6">공급자</td><td>등록번호</td><td colspan="3">121-81-45676</td><td rowspan="6">공급받는자</td><td>등록번호</td><td colspan="3">104-81-10231</td></tr>
<tr><td>상호</td><td colspan="2">(주)인천정보유통</td><td>성명
(대표자) 김창숙</td><td>상호</td><td colspan="2">우리컴퓨터(주)</td><td>성명
(대표자) 정선달</td></tr>
<tr><td>사업장
주소</td><td colspan="3">인천광역시 중구 개항로 10</td><td>사업장
주소</td><td colspan="3">서울특별시 중구 퇴계로 20길 35</td></tr>
<tr><td>업태</td><td colspan="2">도매 및 상품중개업</td><td>종사업장번호</td><td>업태</td><td colspan="2">도매 및 상품중개업</td><td>종사업장번호</td></tr>
<tr><td>종목</td><td colspan="2">컴퓨터 및 주변기기</td><td></td><td>종목</td><td colspan="2">컴퓨터 및 주변장치</td><td></td></tr>
<tr><td>E-Mail</td><td colspan="3">ae345@kcci.com</td><td>E-Mail</td><td colspan="3">abcd@kcci.com</td></tr>
<tr><td>작성일자</td><td colspan="3">2023.12.19</td><td>공급가액</td><td colspan="2">25,000,000</td><td>세 액</td><td>2,500,000</td></tr>
<tr><td>비고</td><td colspan="8"></td></tr>
<tr><td>월</td><td>일</td><td>품목명</td><td>규격</td><td>수량</td><td>단가</td><td>공급가액</td><td>세액</td><td>비고</td></tr>
<tr><td>12</td><td>19</td><td>Photo Printer</td><td>16ppm</td><td>40</td><td>300,000</td><td>12,000,000</td><td>1,200,000</td><td></td></tr>
<tr><td>12</td><td>19</td><td>Brady Printer</td><td>BMP41</td><td>40</td><td>200,000</td><td>8,000,000</td><td>800,000</td><td></td></tr>
<tr><td></td><td></td><td></td><td></td><td></td><td></td><td></td><td></td><td></td></tr>
<tr><td colspan="2">합계금액</td><td>현금</td><td>수표</td><td>어음</td><td>외상미수금</td><td colspan="2" rowspan="2">이 금액을   ○ 영수
       ● 청구</td><td rowspan="2">함</td></tr>
<tr><td colspan="2">22,000,000</td><td></td><td></td><td></td><td>22,000,000</td></tr>
</table>

7 12월 20일   (주)대구정보유통에 발행한 약속어음(어음번호: 다하52196413, 만기일: 2023년 12월 20일, 지급은행: 국민은행) ₩9,350,000이 금일 만기가 되어 당점의 당좌예금(국민은행) 계좌에서 결제되다.

8 12월 23일   상품을 매출하고 전자세금계산서를 발급하다.

전자세금계산서		(공급자 보관용)				승인번호		20231223-XXXX0253		

공급자	등록번호	104-81-10231			공급받는자	등록번호	104-81-12340			
	상호	우리컴퓨터(주)	성명(대표자)	정선달		상호	(주)서울정보유통	성명(대표자)	김정임	
	사업장주소	서울특별시 중구 퇴계로 20길 35				사업장주소	서울특별시 중구 남대문로 10			
	업태	도매 및 상품중개업	종사업장번호			업태	도매 및 상품중개업	종사업장번호		
	종목	컴퓨터 및 주변장치				종목	컴퓨터 및 주변기기			
	E-Mail	abcd@kcci.com				E-Mail	grw21@kcci.com			

작성일자	2023.12.23	공급가액	110,000,000	세 액	11,000,000
비고					

월	일	품목명	규격	수량	단가	공급가액	세액	비고
12	23	Photo Printer	16ppm	50	1,000,000	50,000,000	5,000,000	
12	23	3D Printer	24x20x19	15	4,000,000	60,000,000	6,000,000	

합계금액	현금	수표	어음	외상미수금	이 금액을	○ 영수	함
121,000,000				121,000,000		◉ 청구	

9 12월 26일 (주)부산정보유통 발행의 약속어음(어음번호: 바사92657166, 만기일: 2023년 12월 26일, 지급은행: 부산은행) ₩19,250,000이 만기가 도래하여 당좌예금(국민은행) 계좌로 입금 받다.

03 다음 기말(12월 31일) 결산 정리 사항을 회계 처리하고 마감하시오.　　　20점/각4점

　　1 보험료 선급분을 계상하다. 단, 월할계산에 의한다.

　　2 소모품 사용액은 ₩300,000이다.

　　3 모든 비유동자산에 대하여 감가상각비를 계상하다.

　　4 매출채권 잔액에 대하여 1%의 대손충당금(보충법)을 설정하다.

　　5 기말상품재고액을 입력하고 결산 처리하다. 단, 재고평가는 선입선출법으로 한다.

04 다음 사항을 조회하여 번호 순서대로 단답형 답안에 등록하시오.　　　28점/각4점

> ※ CAMP sERP는 [단답형답안작성]메뉴에서 답안을 등록 후 [저장]버튼을 클릭합니다.
>   SPlus는 [단답형답안]메뉴에서 답안을 등록 후 [답안저장]버튼을 클릭합니다.
> ※ 문자 외의 숫자는 ₩, 원, 월, 단위구분자(,) 등을 생략하고 숫자만 입력하되 소수점이 포함되어 있는 숫자의
>   경우에는 소수점을 입력합니다.
>   (예시) 54200(○), 54.251(○), ₩54,200(×), 54,200원(×), 5월(×), 500개(×), 50건(×)

　　1 1월 1일부터 4월 30일까지 구매한 3D Printer의 공급가액은 얼마인가?

　　2 4월 1일부터 6월 30일까지 판매한 CD/DVD Printer의 수량은 얼마인가?

　　3 6월 30일 현재 (주)인천정보유통의 외상매입금 잔액은 얼마인가?

　　4 7월 1일부터 9월 30일까지 (주)부산정보유통으로부터 만기 결제된 받을어음 금액은 얼마인가?

　　5 4월부터 7월까지 판매비와관리비가 가장 많이 지출된 달은 몇 월인가?

　　6 1월 1일부터 12월 31일까지 한국채택국제회계기준(K-IFRS)에 의한 포괄손익계산서(기능별)에 표시되는 기타수익은 얼마인가?

　　7 12월 31일 현재 한국채택국제회계기준(K-IFRS)에 의한 재무상태표에 표시되는 비유동부채는 얼마인가?

▶ 답안저장하기 : 오른쪽 상단의 [종료 또는 로그아웃]버튼 클릭 → 답안파일 제출

제4회 전산회계운용사 실기모의고사

※ 무 단 전 재 금 함	프로그램	제한시간	수험번호	성 명
	CAMP sERP	60분		

3급	B형

답안 작성시 유의사항

➤ 인적사항 누락 및 작성 오류로 인한 불이익은 수험자 책임으로 합니다.

➤ 시험은 반드시 주어진 문제의 순서대로 진행하여야 합니다.

➤ 반드시 지시사항에 따라 기초기업자료를 확인하고, 해당 기초기업자료가 나타나지 않는 경우는 감독관에게 문의하시기 바랍니다.

➤ 기초기업자료를 선택하여 해당 문제를 풀이한 후 프로그램 종료 전 반드시 답안을 저장해야 합니다.

➤ 각종 코드는 문제에서 제시된 코드로 입력하여야 하며, 수험자가 임의로 부여한 코드는 오답으로 처리합니다. 단, 문제에 코드가 없는 경우에는 그러하지 아니합니다.

➤ 계정과목을 입력할 때는 반드시 [검색] 기능이나 [조회] 기능을 이용하여 계정과목을 등록하되 다음의 자산은 변경 후 계정과목(평가손익, 처분손익)을 적용합니다.

변경 전	변경 후
계정과목	계정과목
단기매매금융자산	당기손익—공정가치측정금융자산
매도가능금융자산	기타포괄손익—공정가치측정금융자산
만기보유금융자산	상각후원가측정금융자산

➤ 답안파일명은 자동으로 부여되므로 별도 답안파일을 작성할 필요가 없습니다. 또한, 답안 저장 및 제출 시간은 별도로 주어지지 아니하므로 제한 시간 내에 답안 저장 및 제출을 완료해야 합니다.

대한상공회의소

합격마법사 | 전산회계운용사 실기 **모의고사**

문제 01 회계원리

▶ 지시사항

다음의 1번, 2번, 3번, 4번 문항은 CAMP sERP 프로그램을 '교육용로그인'할 때 불러오기를 클릭하고 [멘토르스쿨(2023)] → [제3장 모의고사] → [제4회 모의고사]_세종전자(주).zip(회계연도는 2023.1.1 ~ 12.31이다.)를 불러온 후 진행합니다. [사용자번호 : (12345678), 성명 : (김갑수)]

01 다음 제시되는 기준정보를 입력하시오.   16점/각4점

□ 다음의 신규 거래처를 등록하시오.   각2점

거래처(상호)명	거래처분류(구분)	거래처코드	대표자	사업자번호	업태/종목
㈜유한테크	매입처(일반)	01005	이유한	128-81-03041	제조/가전제품
명성전자㈜	매출처(일반)	02005	진명성	129-81-25636	도소매/가전제품

② 다음의 고정자산을 등록하시오.

자산코드	계정과목(자산계정)	취득일자	자산명	수량	취득금액	내용연수	상각방법	경비구분
4004	비품	2023.12.4.	책상	1	₩1,500,000	5년	정액법	판관비

③ 다음의 신규 부서를 등록하시오.   각 2점

조직(부서)명	조직(부서)코드	제조/판관	비고
구매자재부	40	판관	
전략기획부	50	판관	

④ 다음의 신규 상품(품목)을 등록하시오.

품목코드	품목(품명)	(상세)규격	품목구분(종류)	단위
5005	다리미	5호	상품	EA

02 다음 거래를 입력하시오. 단, 채권, 채무 및 금융 거래는 거래처를 입력한다. 36점/각4점

① 12월 1일 11월 28일 신한은행 보통예금 계좌에 입금된 원인불명액 ₩5,000,000은 매출처 최신전자 ㈜의 외상대금 회수액으로 확인되다.

② 12월 4일 기준정보에서 등록한 책상 1개를 ㈜유행가구로부터 ₩1,500,000에 외상으로 구입하다.

③ 12월 7일 ㈜제일테크로부터 다음 상품을 매입하기로 계약을 체결하고 계약금 ₩2,600,000을 신한은 행 보통예금계좌에서 이체하다.

④ 12월 11일 신한은행 보통예금 계좌에서 현금 ₩100,000을 인출하여 기 등록된 1년 만기 하나은행 정 기적금 계좌에 예입하다.

⑤ 12월 13일 매입하고 전자세금계산서를 발급받다. 대금 중 ₩40,000,000은 약속어음(어음번호: 대한 43210005, 만기일: 2024년 3월 13일, 지급은행: 기업은행)을 발행하여 지급하고 잔액은 우리은행 발행 자기앞수표로 지급하다.

전자세금계산서 (공급받는자 보관용)

승인번호						20231213-XXXX0151		

공급자	등록번호	134-81-88235			공급받는자	등록번호	220-86-10106	
	상호	(주)조은테크	성명(대표자)	고조은		상호	세종전자(주)	성명(대표자) 박대한
	사업장주소	서울특별시 구로구 경인로 579				사업장주소	서울특별시 강남구 테헤란로 101	
	업태	도소매업	종사업장번호			업태	도매 및 상품중개업	종사업장번호
	종목	전자기기				종목	전자제품	
	E-Mail	joy89@kcci.com				E-Mail	sejong56@kcci.com	

작성일자	2023.12.13.	공급가액	40,000,000	세 액	4,000,000
비고					

월	일	품목명	규격	수량	단가	공급가액	세액	비고
12	13	노트북	1호	100	400,000	40,000,000	4,000,000	

합계금액	현금	수표	어음	외상미수금	이 금액을	● 영수 / ○ 청구	함
44,000,000	4,000,000		40,000,000				

⑥ 12월 18일 상품을 판매하고 전자세금계산서를 발급하다.

전자세금계산서			(공급자 보관용)			승인번호		20231218-XXXX0253	

공급자	등록번호	220-86-10106			공급받는자	등록번호	210-81-66227		
	상호	세종전자(주)	성명 (대표자)	박대한		상호	두리전자(주)	성명 (대표자)	지두리
	사업장 주소	서울특별시 강남구 테헤란로 101				사업장 주소	서울특별시 도봉구 도당로 100		
	업태	도매 및 상품중개업	종사업장번호			업태	도소매업	종사업장번호	
	종목	전자제품				종목	전자기기		
	E-Mail	sejong56@kcci.com				E-Mail	dodo98@kcci.com		

작성일자	2023.12.18.	공급가액	60,000,000	세 액	6,000,000
비고					

월	일	품목명	규격	수량	단가	공급가액	세액	비고
12	18	세탁기	3호	30	1,000,000	30,000,000	3,000,000	
12	18	냉장고	2호	20	1,500,000	30,000,000	3,000,000	

합계금액	현금	수표	어음	외상미수금	이 금액을	○ 영수 ◉ 청구	함
66,000,000				66,000,000			

7 12월 19일　소유하고 있던 매출처 희망전자㈜ 발행 약속어음(어음번호: 가나12340003, 만기일: 2023년 12월 19일, 지급은행: 기업은행) ₩15,000,000이 만기가 되어 기업은행 당좌예금 계좌에 입금되었음을 확인하다.

8 12월 24일　단기 투자를 목적으로 시장성이 있는 ㈜서울의 발행주식 1,000주(액면금액: @₩10,000)를 1주당 ₩12,000에 구입하고 대금은 신한은행 보통예금계좌에서 이체하다. 단, **계정과목은 답안 작성 시 유의사항을 참고한다.**

9 12월 28일 거래처 사랑마트의 파산으로 인하여 12개월 상환조건으로 대여하였던 단기대여금 ₩5,000,000을 대손처리하다.

03 다음 기말(12월 31일) 결산 정리 사항을 회계 처리하고 마감하시오.

20점/각4점

1 기말현재 소모품 미사용액은 ₩300,000이다.

2 기간 미경과분 화재보험료 ₩450,000을 계상하다.

3 모든 비유동자산에 대하여 감가상각비를 계상하다.

4 매출채권 잔액에 대하여 1%의 대손충당금(보충법)을 설정하다.

5 기말상품재고액을 입력하고 결산 처리하다. 단, 재고평가는 선입선출법으로 한다.

04 다음 사항을 조회하여 번호 순서대로 단답형 답안에 등록하시오.

28점/각4점

> ※ CAMP는 [단답형답안작성]메뉴에서 답안을 등록 후 [저장]버튼을 클릭합니다.
> New sPLUS는 [단답형답안]메뉴에서 답안을 등록 후 [답안저장]버튼을 클릭합니다.
> ※ 문자 외의 숫자는 ₩, 원, 월, 단위구분자(,) 등을 생략하고 숫자만 입력하되 소수점이
> 포함되어 있는 숫자의 경우에는 소수점을 입력합니다.
> (예시) 54200(○), 54.251(○), ₩54,200(×), 54,200원(×), 5월(×), 500개(×), 50건(×)

1 2월 28일 현재 냉장고의 재고수량은 몇 개(EA)인가?

2 3월 1일부터 5월 31일까지의 당좌예금 인출액은 얼마인가?

3 6월 30일 현재 매입처 ㈜가산테크의 외상대금 미지급액은 얼마인가?

4 7월 1일부터 10월 31일까지 발생한 판매비와관리비의 합계액은 얼마인가?

5 11월 30일 현재 보통예금 잔액은 얼마인가?

6 12월 31일 현재 한국채택국제회계기준(K-IFRS)에 의한 재무상태표에 표시되는 비유동부채는 얼마인가?

7 1월 1일부터 12월 31일까지 한국채택국제회계기준(K-IFRS)에 의한 포괄손익계산서(기능별)에 표시되는 기타비용은 얼마인가?

▶ 답안저장하기 : 오른쪽 상단의 [종료 또는 로그아웃]버튼 클릭 → 답안파일 제출

제5회 전산회계운용사 실기모의고사

※ 무 단 전 재 금 함	프로그램	제한시간	수험번호	성 명
	CAMP sERP	60분		

3급	B형

답안 작성시 유의사항

➤ 인적사항 누락 및 작성 오류로 인한 불이익은 수험자 책임으로 합니다.

➤ 시험은 반드시 주어진 문제의 순서대로 진행하여야 합니다.

➤ 반드시 지시사항에 따라 기초기업자료를 확인하고, 해당 기초기업자료가 나타나지 않는 경우는 감독관에게 문의하시기 바랍니다.

➤ 기초기업자료를 선택하여 해당 문제를 풀이한 후 프로그램 종료 전 반드시 답안을 저장해야 합니다.

➤ 각종 코드는 문제에서 제시된 코드로 입력하여야 하며, 수험자가 임의로 부여한 코드는 오답으로 처리합니다. 단, 문제에 코드가 없는 경우에는 그러하지 아니합니다.

➤ 계정과목을 입력할 때는 반드시 [검색] 기능이나 [조회] 기능을 이용하여 계정과목을 등록하되 다음의 자산은 변경 후 계정과목(평가손익, 처분손익)을 적용합니다.

변경 전	변경 후
계정과목	계정과목
단기매매금융자산	당기손익-공정가치측정금융자산
매도가능금융자산	기타포괄손익-공정가치측정금융자산
만기보유금융자산	상각후원가측정금융자산

➤ 답안파일명은 자동으로 부여되므로 별도 답안파일을 작성할 필요가 없습니다. 또한, 답안 저장 및 제출 시간은 별도로 주어지지 아니하므로 제한 시간 내에 답안 저장 및 제출을 완료해야 합니다.

대한상공회의소

합격마법사 | 전산회계운용사 실기 **모의고사**

문제 01 회계원리

▶ 지시사항

다음의 1번, 2번, 3번, 4번 문항은 CAMP sERP 프로그램을 '교육용로그인'할 때 불러오기를 클릭하고 [멘토르스쿨(2023)]
→ [제3장 모의고사] → [제5회 모의고사]_화랑몰(주).zip(회계연도는 2023.1.1 ~ 12.31이다.)를 불러온 후 진행합니다.
[사용자번호 : (12345678), 성명 : (김갑수)]

---

01 다음 제시되는 기준정보를 입력하시오.　　　　　　　　　　　　　　　　　　　16점/각4점

　　① 다음의 신규 거래처를 등록하시오.　　　　　　　　　　　　　　　　　　　　각2점

거래처(명)	거래처분류(구분)	거래처코드	대표자(명)	사업자등록번호	업태/종목
(주)고양정보유통	매입처(일반)	00204	정현욱	110-81-48732	도소매/컴퓨터
(주)울산정보유통	매출처(일반)	00104	배수지	608-81-12347	도소매/컴퓨터

　　② 다음 유형자산을 등록하시오.

계정과목 (과목명)	자산(코드)	자산(명)	취득수량	취득일	취득금액	내용연수	상각방법
비품	302	냉장고	1개	2023.12.18.	₩1,200,000	5년	정률법

　　③ 다음의 신규 상품(품목)을 등록하시오.

품목코드	품목(품명)	(상세)규격	품목종류(자산)	기준단위(단위명)
1007	RAM	8GB	상품	EA

　　④ 다음의 신규 부서를 등록하시오.　　　　　　　　　　　　　　　　　　　　　각2점

(부서)코드	부서명	제조/판관	비고
13	회계팀	판관	
14	해외영업팀	판관	

02 다음 거래를 입력하시오. 단, 채권, 채무 및 금융 거래는 거래처를 입력한다. 36점/각4점

■ 12월 2일 　숭례문마트(주)에서 거래처 직원의 결혼 선물 ₩150,000을 구입하고 KB국민카드로 결제하다.

② 12월 5일 　남산개발(주)와 상품 창고를 건설하기로 하고 공사계약금 ₩5,000,000을 당좌예금(국민은행) 계좌에서 이체하여 지급하다.

③ 12월 8일 　보통예금(신한은행) 계좌에 원인 불명의 ₩3,000,000이 입금되었음을 확인하다.

④ 12월 10일 　거래처에 배부할 홍보용 탁상달력(1,000부, @₩5,000)을 제작하고 대금은 비씨카드로 결제하다.

⑤ 12월 11일 　상품을 매입하고 전자세금계산서를 발급받다. 대금은 약속어음(어음번호: 다하52196416, 만기일: 2024년 3월 11일, 지급은행: 국민은행)을 발행하여 지급하다.

전자세금계산서				(공급받는자 보관용)		승인번호		20231211-XXXX0151	
공급자	등록번호	504-81-56780			공급받는자	등록번호	104-81-10231		
	상호	(주)대구정보유통	성명 (대표자)	박강희		상호	화랑몰(주)	성명 (대표자)	정선달
	사업장 주소	대구광역시 중구 경상감영1길 10				사업장 주소	서울특별시 중구 퇴계로 20길 35		
	업태	도매 및 상품중개업	종사업장번호			업태	도매 및 상품중개업	종사업장번호	
	종목	컴퓨터 및 주변기기				종목	컴퓨터 및 주변장치		
	E-Mail	ae345@kcci.com				E-Mail	abcd@kcci.com		
작성일자		2023.12.11	공급가액		25,000,000	세액		2,500,000	
비고									
월	일	품목명	규격	수량	단가	공급가액	세액	비고	
12	11	CD/DVD Printer	CD800	100	250,000	25,000,000	2,500,000		
합계금액		현금	수표		어음	외상미수금	이 금액을	● 영수 ○청구	함
27,500,000					27,500,000				

⑥ 12월 14일 　단기 시세 차익을 목적으로 보유 중인 대양컴퓨터정보(주) 주식 1,500주(액면금액: @₩5,000, 장부금액: @₩7,500) 중 500주를 1주당 ₩7,000에 처분하고, 대금은 보통예금(신한은행) 계좌로 입금 받다.

⑦ 12월 18일 　대한전자유통(주)로부터 기준정보에서 등록한 냉장고를 ₩1,200,000에 구입하고, 대금은 비씨카드로 결제하다.

8 12월 26일 　상품을 매출하고 전자세금계산서를 발급하다. 대금은 동사 발행의 약속어음(어음번호: 라가19231256, 만기일: 2024년 3월 26일, 지급은행: 기업은행)으로 받다.

전자세금계산서				(공급자 보관용)					승인번호		20231226-XXXX0253

공급자	등록번호	104-81-10231			공급받는자	등록번호	602-81-23453		
	상호	제온몰(주)	성명(대표자)	정선달		상호	(주)부산정보유통	성명(대표자)	최형란임
	사업장주소	서울특별시 중구 퇴계로 20길 35				사업장주소	부산광역시 중구 구덕로 1		
	업태	도매 및 상품중개업	종사업장번호			업태	도매 및 상품중개업	종사업장번호	
	종목	컴퓨터 및 주변장치				종목	컴퓨터 및 주변기기		
	E-Mail	abcd@kcci.com				E-Mail	grw21@kcci.com		

작성일자	2023.12.26	공급가액	40,000,000	세 액	4,000,000
비고					

월	일	품목명	규격	수량	단가	공급가액	세액	비고
12	26	Laserjet Printer	24ppm	20	2,000,000	40,000,000	4,000,000	

합계금액	현금	수표	어음	외상미수금	이 금액을	● 영수 ○ 청구	함
44,000,000			44,000,000				

9 12월 28일 　현금의 장부잔액보다 현금 실제액이 ₩70,000 부족함을 발견하였으며 그 원인을 알 수 없다.

03 다음 기말(12월 31일) 결산 정리 사항을 회계 처리하고 마감하시오.   20점/각4점

1 임대료 선수분 ₩500,000을 계상하다.

2 12월 8일에 보통예금(신한은행) 계좌에 입금된 ₩3,000,000은 ㈜서울정보유통의 외상대금으로 판명되다.

3 모든 비유동자산에 대하여 감가상각비를 계상하다.

4 매출채권 잔액에 대하여 1%의 대손충당금(보충법)을 설정하다.

5 기말상품재고액을 입력하고 결산 처리하다. 단, 재고평가는 선입선출법으로 한다.

04 다음 사항을 조회하여 번호 순서대로 단답형 답안에 등록하시오.   28점/각4점

※ CAMP sERP는 [단답형답안작성]메뉴에서 답안을 등록 후 [저장]버튼을 클릭합니다.
   New sPLUS는 [답안수록]메뉴에서 답안을 등록 후 [답안저장]버튼을 클릭합니다.
※ 문자 외의 숫자는 ₩, 원, 월, 단위구분자(,) 등을 생략하고 숫자만 입력하되 소수점이 포함되어 있는 숫자의
   경우에는 소수점을 입력합니다.
   (예시) 54200(○), 54.251(○), ₩54,200(×), 54,200원(×), 5월(×), 500개(×), 50건(×)

1 1월 1일부터 3월 31일까지 구매한 Laserjet Printer의 수량은 얼마인가?

2 4월 1일부터 6월 30일까지 판매한 Brady Printer의 공급가액은 얼마인가?

3 6월 30일 현재 (주)서울정보유통의 외상매출금 잔액은 얼마인가?

4 7월 1일부터 9월 30일까지 (주)대구정보유통에 만기 결제한 지급어음의 금액은 얼마인가?

5 8월부터 11월까지 판매비와관리비가 가장 적게 지출된 달은 몇 월인가?

6 1월 1일부터 12월 31일까지 한국채택국제회계기준(K-IFRS)에 의한 포괄손익계산서(기능별)에 표시되는 기타비용은 얼마인가?

7 12월 31일 현재 한국채택국제회계기준(K-IFRS)에 의한 재무상태표에 표시되는 기타유동금융자산은 얼마인가?

▶ 답안저장하기 : 오른쪽 상단의 [종료 또는 로그아웃]버튼 클릭 → 답안파일 제출

제6회 전산회계운용사 실기모의고사

※ 무 단 전 재 금 함	프로그램	제한시간	수험번호	성 명
	CAMP sERP	60분		

3급	A형

답안 작성시 유의사항

➤ 인적사항 누락 및 작성 오류로 인한 불이익은 수험자 책임으로 합니다.

➤ 시험은 반드시 주어진 문제의 순서대로 진행하여야 합니다.

➤ 반드시 지시사항에 따라 기초기업자료를 확인하고, 해당 기초기업자료가 나타나지 않는 경우
는 감독관에게 문의하시기 바랍니다.

➤ 기초기업자료를 선택하여 해당 문제를 풀이한 후 프로그램 종료 전 반드시 답안을 저장해야
합니다.

➤ 각종 코드는 문제에서 제시된 코드로 입력하여야 하며, 수험자가 임의로 부여한 코드는 오답
으로 처리합니다. 단, 문제에 코드가 없는 경우에는 그러하지 아니합니다.

➤ 계정과목을 입력할 때는 반드시 [검색] 기능이나 [조회] 기능을 이용하여 계정과목을 등록하
되 다음의 자산은 변경 후 계정과목(평가손익, 처분손익)을 적용합니다.

변경 전	변경 후
계정과목	계정과목
단기매매금융자산	당기손익-공정가치측정금융자산
매도가능금융자산	기타포괄손익-공정가치측정금융자산
만기보유금융자산	상각후원가측정금융자산

➤ 답안파일명은 자동으로 부여되므로 별도 답안파일을 작성할 필요가 없습니다. 또한, 답안 저
장 및 제출 시간은 별도로 주어지지 아니하므로 제한 시간 내에 답안 저장 및 제출을 완료해야
합니다.

대한상공회의소

합격마법사 | 전산회계운용사 실기 **모의고사**

문제 **01** 회계원리

▶ **지시사항**
다음의 1번, 2번, 3번, 4번 문항은 CAMP sERP 프로그램을 '교육용로그인'할 때 불러오기를 클릭하고 [멘토르스쿨(2023)] → [제3장 모의고사] → [제6회 모의고사]_해피뷰티(주).zip(회계연도는 2023.1.1 ~ 12.31이다.)를 불러온 후 진행합니다.
[사용자번호 : (12345678), 성명 : (김갑수)]

01 다음 제시되는 기준정보를 입력하시오.   16점/각4점

■ 다음의 신규 부서를 등록하시오.   각2점

조직(부서)명	조직(부서)코드	제조/판관	비고
홍보기획부	50	판관	
해외수출부	60	판관	

② 다음의 신규 거래처를 등록하시오.   각2점

거래처(상호)명	거래처분류(구분)	거래처코드	대표자	사업자번호	업태/종목
(주)여신화장품	매입처(일반)	02004	최여신	126-81-33501	제조/화장품
태양화장품(주)	매출처(일반)	03004	박태양	104-81-23454	도소매/화장품

③ 다음의 신규상품(품목)을 등록하시오.

품목코드	품목(품명)	(상세) 규격	품목구분(종류)	기본 단위
1004	수분크림	3호	상품	EA

④ 다음의 유형자산을 등록하시오.

자산코드	계정과목(자산계정)	자산명	수량	취득일	취득금액	내용연수	상각방법
7005	비품	냉난방기	1대	2023.12.01	₩3,600,000	5년	정액법

02 다음 거래를 입력하시오. 단, 채권, 채무 및 금융 거래는 거래처를 입력한다. 36점

1 12월 1일 기준정보에서 등록한 냉난방기 1대를 ₩3,600,000에 용산전자(주)로부터 구입하고 대금은 외상으로 하다.

2 12월 9일 (주)미래건설과 사무실 임차 계약(2023년 12월 9일 ~ 2023년 12월 8일)을 체결하고, 보증금 ₩5,000,000과 당월 분 월세 ₩700,000을 당좌예금(신한은행)계좌에서 이체하여 지급하다

3 12월 12일 11월분 급여 지급 시 원천징수한 예수금 ₩500,000과 국민건강보험료 회사부담분 ₩100,000을 현금으로 납부하다.

4 12월 14일 상품을 매입하고 전자세금계산서를 발급받다.

전자세금계산서				(공급받는자 보관용)			승인번호		20231214-XXXX0151	

공급자	등록번호	220-86-10106			공급받는자	등록번호	104-81-23454		
	상호	(주)강남화장품	성명(대표자)	김강남		상호	해피뷰티(주)	성명(대표자)	정해피
	사업장주소	서울특별시 강남구 테헤란로 105				사업장주소	서울특별시 중구 남대문로 52-13		
	업태	제조, 도매	종사업장번호			업태	도매 및 상품중개업	종사업장번호	
	종목	화장품				종목	화장품		
	E-Mail	efgf@sanggong.com				E-Mail	abce@kcci.com		

작성일자	2023.12.14.	공급가액	4,500,000	세 액	450,000
비고					

월	일	품목명	규격	수량	단가	공급가액	세액	비고
12	14	보습젤	100호	150	30,000	4,500,000	450,000	

합계금액	현금	수표	어음	외상미수금	이 금액을	○ 영수 / ● 청구	함
4,950,000				4,950,000			

5 12월 15일 상품을 매출하고 전자세금계산서를 발행하다.

전자세금계산서		(공급자 보관용)		승인번호	20231215-XXXX0253	

공급자	등록번호	104-81-23454			공급받는자	등록번호	109-81-12345		
	상호	해피뷰티(주)	성명(대표자)	정해피		상호	상록화장품(주)	성명(대표자)	김상록
	사업장주소	서울특별시 중구 남대문로 52-13				사업장주소	서울특별시 강서구 가로공원로 174		
	업태	도매 및 상품중개업	종사업장번호			업태	도소매	종사업장번호	
	종목	화장품				종목	화장품		
	E-Mail	abce@kcci.com				E-Mail	qwas@sanggong.com		

작성일자	2023.12.15.	공급가액	15,000,000	세 액	1,500,000
비고					

월	일	품목명	규격	수량	단가	공급가액	세액	비고
12	15	로션	1호	100	110,000	11,000,000	1,100,000	
12	15	보습젤	100호	50	80,000	4,000,000	400,000	

합계금액	현금	수표	어음	외상미수금	이 금액을	○ 영수 함
16,500,000				16,500,000		● 청구

6 12월 20일   (주)드림화장품에 대한 외상매입금 ₩10,000,000을 당좌예금(신한은행) 계좌에서 이체하여 지급하다.

7 12월 23일   신입사원 입사 환영회를 위한 회식비 ₩200,000을 법인 신용카드(국민카드)로 결제하다. 단, 비용으로 처리하고, 카드등록을 하시오.

거래처명(카드(사)명)	거래처코드	신용카드(가맹점)번호	카드분류(구분)	결제계좌
국민카드	99600	1234-5678-9123-4567	매입카드(사업용)	(한국)씨티은행, 312-02-345678

8 12월 28일   한라화장품(주)의 외상매출금 중 ₩5,000,000이 당좌예금(신한은행)계좌에 입금되었음을 확인하다.

9 12월 30일   단기 시세 차익 목적으로 (주)상공 발행 주식 300주(액면금액 @₩5,000, 취득금액 @₩10,000)를 취득하고 대금은 수수료 30,000과 함께 현금으로 지급하다.

03 다음 기말(12월 31일) 결산 정리 사항을 회계 처리하고 마감하시오.　　　　　　　　　　20점

　　1 기말 현재 소모품 미사용액은 ₩200,000이다.

　　2 보험료 선급분 ₩240,000을 계상하다.

　　3 매출채권 잔액에 대하여 1%의 대손충당금(보충법)을 설정하다.

　　4 모든 비유동자산에 대하여 감가상각비를 계상하다.

　　5 기말상품재고액을 입력하고 결산 처리하다. 단, 재고평가는 선입선출법으로 한다.

04 다음 사항을 조회하여 번호 순서대로 단답형 답안에 등록하시오.　　　　　　　　　　28점

> ※ CAMP sERP는 [단답형답안작성]메뉴에서 답안을 등록 후 [저장]버튼을 클릭합니다.
> 　　SPlus는 [단답형답안]메뉴에서 답안을 등록 후 [답안저장]버튼을 클릭합니다.
> ※ 문자 외의 숫자는 ₩, 원, 월, 단위구분자(,) 등을 생략하고 숫자만 입력하되 소수점이 포함되어 있는 숫자의
> 　　경우에는 소수점을 입력합니다.
> 　　(예시) 54200(○), 54.251(○), ₩54,200(×), 54,200원(×), 5월(×), 500개(×), 50건(×)

　　1 1월 1일부터 4월 30일까지 당좌예금 인출액은 얼마인가?

　　2 1월부터 6월까지 지급한 통신비 총액은 얼마인가?

　　3 7월 31일 현재 외상매출금 잔액으로 얼마인가?

　　4 9월 30일 현재 (주)드림화장품의 외상매입금 잔액은 얼마인가?

　　5 11월 19일 현재 향수의 재고 수량은 몇 개(EA)인가?

　　6 1월 1일부터 12월 31일까지 한국채택국제회계기준(K-IFRS)에 의한 포괄손익계산서(기능별)에 표시되는 기타수익은 얼마인가?

　　7 12월 31일 현재 한국채택국제회계기준(K-IFRS)에 의한 재무상태표에 표시되는 비유동자산의 금액은 얼마인가?

▶ 답안저장하기 : 오른쪽 상단의 [종료 또는 로그아웃]버튼 클릭 → 답안파일 제출

제7회 전산회계운용사 실기모의고사

※ 무 단 전 재 금 함	프로그램	제한시간	수험번호	성 명
	CAMP sERP	60분		

3급	B형

답안 작성시 유의사항

➤ 인적사항 누락 및 작성 오류로 인한 불이익은 수험자 책임으로 합니다.

➤ 시험은 반드시 주어진 문제의 순서대로 진행하여야 합니다.

➤ 반드시 지시사항에 따라 기초기업자료를 확인하고, 해당 기초기업자료가 나타나지 않는 경우는 감독관에게 문의하시기 바랍니다.

➤ 기초기업자료를 선택하여 해당 문제를 풀이한 후 프로그램 종료 전 반드시 답안을 저장해야 합니다.

➤ 각종 코드는 문제에서 제시된 코드로 입력하여야 하며, 수험자가 임의로 부여한 코드는 오답으로 처리합니다. 단, 문제에 코드가 없는 경우에는 그러하지 아니합니다.

➤ 계정과목을 입력할 때는 반드시 [검색] 기능이나 [조회] 기능을 이용하여 계정과목을 등록하되 다음의 자산은 변경 후 계정과목(평가손익, 처분손익)을 적용합니다.

변경 전	변경 후
계정과목	계정과목
단기매매금융자산	당기손익–공정가치측정금융자산
매도가능금융자산	기타포괄손익–공정가치측정금융자산
만기보유금융자산	상각후원가측정금융자산

➤ 답안파일명은 자동으로 부여되므로 별도 답안파일을 작성할 필요가 없습니다. 또한, 답안 저장 및 제출 시간은 별도로 주어지지 아니하므로 제한 시간 내에 답안 저장 및 제출을 완료해야 합니다.

합격마법사 | 전산회계운용사 실기 **모의고사**

문제 01 회계원리

▶ 지시사항

다음의 1번, 2번, 3번, 4번 문항은 CAMP sERP 프로그램을 '교육용로그인'할 때 불러오기를 클릭하고 [멘토르스쿨(2023)] → [제3장 모의고사] → [제7회 모의고사]_사랑가전(주).zip(회계연도는 2023.1.1 ~ 12.31이다.)를 불러온 후 진행합니다. [사용자번호 : (12345678), 성명 : (김갑수)]

---

01 다음 제시되는 기준정보를 입력하시오.

16점/각4점

1 다음의 신규 상품(품목)을 등록하시오.

품목코드	품목(품명)	(상세)규격	품목 구분(종류)	기준 단위
5004	소형냉장고	R1	상품	EA

2 다음의 신규 부서를 등록하시오.

각2점

조직(부서)명	조직(부서)코드	제조/판관	비고
특판부	41	판관	
무역부	51	판관	

3 다음의 신규 거래처를 등록하시오.

각2점

거래처(상호)명	거래처분류(구분)	거래처코드	대표자	사업자번호	업태/종목
(주)모란	매입처(일반)	00104	전모란	218-81-19448	제조업/주방가전
여수(주)	매출처(일반)	00204	박여수	305-81-67899	도소매업/생활가전

4 다음의 유형자산을 등록하시오.

자산코드	계정과목(자산계정)	자산명	수량	취득일	취득가액	내용연수	상각방법
4004	차량운반구	운송트럭	1대	2023.12.1	₩5,000,000	5년	정액법

02 다음 거래를 입력하시오. 단, 채권, 채무 및 금융 거래는 거래처를 입력한다. 36점/각4점

1 12월 1일　기준정보에서 등록한 차량운반구 1대를 ₩5,000,000에 달려자동차(주)로부터 구입하고 대금은 보통예금(신한은행) 계좌에서 ₩2,000,000을 이체하고, 잔액은 월말에 지급하기로 하다.

2 12월 2일　11월 30일 원인 불명의 입금액 ₩1,500,000은 매출처 서울(주)의 상품 계약금으로 밝혀지다.

3 12월 13일　매출처 서울(주)에서 수취한 약속어음 ₩20,000,000(어음번호 : 다라33333333, 만기일 : 2023년 12월 13일, 지급은행: 신한은행)이 금일 만기가 되어 당좌예금(국민은행) 계좌에 입금되었음을 확인하다.

4 12월 14일　상품을 매입하고 전자세금계산서를 발급받다. 부가가치세(10%)를 포함한 대금 중 ₩3,000,000은 보통예금(신한은행) 계좌에서 이체하고, 잔액은 외상으로 하다.

전자세금계산서		(공급받는자 보관용)			승인번호		20231214-XXXX0151	

<table>
<tr><td rowspan="7">공급자</td><td colspan="2">등록번호</td><td colspan="3">602-81-23453</td><td rowspan="7">공급받는자</td><td>등록번호</td><td colspan="3">109-81-12345</td></tr>
<tr><td colspan="2">상호</td><td colspan="2">(주)국화</td><td>성명
(대표자)</td><td>상호</td><td colspan="2">사랑가전(주)</td><td>성명
(대표자)</td><td>박상공</td></tr>
<tr><td colspan="2"></td><td colspan="2"></td><td>김국화</td><td></td><td></td><td></td><td></td><td></td></tr>
<tr><td colspan="2">사업장
주소</td><td colspan="3">서울특별시 영등포구 가마산로 311(대림동)</td><td>사업장
주소</td><td colspan="3">서울특별시 마포구 신촌로 10</td></tr>
<tr><td colspan="2">업태</td><td colspan="2">제조업</td><td>종사업장번호</td><td>업태</td><td colspan="2">도매 및 상품중개업</td><td>종사업장번호</td></tr>
<tr><td colspan="2">종목</td><td colspan="3">주방가전</td><td>종목</td><td colspan="3">주방가전</td></tr>
<tr><td colspan="2">E-Mail</td><td colspan="3">rnrghk189@kcci.com</td><td>E-Mail</td><td colspan="3">lovely43@kcci.com</td></tr>
</table>

작성일자	2023.12.14.	공급가액	7,500,000	세 액	750,000
비고					

월	일	품목명	규격	수량	단가	공급가액	세액	비고
12	14	분쇄기	M1	50	100,000	5,000,000	500,000	
12	14	쥬서기	J1	50	50,000	2,500,000	250,000	

합계금액	현금	수표	어음	외상미수금	이 금액을	○ 영수 ● 청구	함
8,250,000	3,000,000			5,250,000			

5 12월 18일　상품을 매출하고 전자세금계산서를 발급하다. 부가가치세(10%)를 포함한 대금 중 ₩10,000,000은 동사 발행 약속어음(어음번호: 다라55555555, 만기일: 2024년 2월 15일, 지급은행: 신한은행)으로 받고, 잔액은 외상으로 하다.

전자세금계산서			(공급자 보관용)			승인번호	20231218-XXXX0253

	등록번호	109-81-12345				등록번호	504-81-56780		
공급자	상호	사랑가전(주)	성명 (대표자)	박상공	공급받는자	상호	광주(주)	성명 (대표자)	신광주
	사업장 주소	서울특별시 마포구 신촌로 10				사업장 주소	대구광역시 중구 경상감영1길 10(전동)		
	업태	도매 및 상품중개업	종사업장번호			업태	도소매업	종사업장번호	
	종목	주방가전				종목	생활가전		
	E-Mail	lovely43@kcci.com				E-Mail	gwangju872@kcci.com		

작성일자	2023.12.18.	공급가액	20,000,000	세 액	2,000,000
비고					

월	일	품목명	규격	수량	단가	공급가액	세액	비고
12	18	압력밥솥	S1	50	400,000	20,000,000	2,000,000	

합계금액	현금	수표	어음	외상미수금	이 금액을	○ 영수 ● 청구	함
22,000,000			10,000,000	12,000,000			

6 12월 20일 하나은행으로부터 차입한 장기차입금 중 ₩5,000,000과 이자 ₩100,000을 보유하고 있던 타인발행 당좌수표로 상환하다.

7 12월 21일 매출처 서울(주)에 대한 외상매출금 ₩10,000,000을 동사발행 당좌수표로 받아 보통예금(신한은행) 계좌에 입금하다.

8 12월 22일 상품 홍보를 위한 광고물을 제작하고 대금 ₩2,000,000을 법인신용카드(농협카드)로 결제하다.

9 12월 26일 차량의 당월 주차요금 ₩100,000과 차량 유류대금 ₩150,000을 현금으로 지급하다.

03 다음 기말(12월 31일) 결산 정리 사항을 회계 처리하고 마감하시오. 20점/각4점

1 단기 시세차익을 목적으로 보유중인 한국전자(주) 발행의 주식 200주를 ₩2,000,000으로 평가하다.

2 임대료 선수분(미경과분) ₩1,000,000을 계상하다.

3 매출채권 잔액에 대하여 1%의 대손충당금(보충법)을 설정하다.

4 모든 비유동자산에 대하여 감가상각비를 계상하다.

5 기말상품재고액을 입력하고 결산 처리하다. 단, 재고평가는 선입선출법으로 한다.

04 다음 사항을 조회하여 번호 순서대로 단답형 답안에 등록하시오. 28점/각4점

※ CAMP sERP는 [단답형답안작성]메뉴에서 답안을 등록 후 [저장]버튼을 클릭합니다.
  New sPLUS는 [답안수록]메뉴에서 답안을 등록 후 [답안저장]버튼을 클릭합니다.
※ 문자 외의 숫자는 ₩, 원, 월, 단위구분자(,) 등을 생략하고 숫자만 입력하되 소수점이 포함되어 있는 숫자의
  경우에는 소수점을 입력합니다.
  (예시) 54200(○), 54.251(○), ₩54,200(×), 54,200원(×), 5월(×), 500개(×), 50건(×)

1 1월 1일부터 3월 31일까지 보통예금 인출액은 얼마인가?

2 1월 1일부터 4월 30일까지 상품매출액은 얼마인가?

3 9월 30일 현재 지급어음 미지급액은 얼마인가?

4 10월 31일 현재 서울(주)의 외상매출금 잔액은 얼마인가?

5 11월 30일 현재 분쇄기의 재고 수량은 몇 개(EA)인가?

6 1월 1일부터 12월 31일까지 한국채택국제회계기준(K-IFRS)에 의한 포괄손익계산서(기능별)에 표시되는 매출총이익은 얼마인가?

7 12월 31일 현재 한국채택국제회계기준(K-IFRS)에 의한 재무상태표에 표시되는 유동자산의 금액은 얼마인가?

▶ 답안저장하기 : 오른쪽 상단의 [종료 또는 로그아웃]버튼 클릭 → 답안파일 제출

국가기술자격검정 모의고사

제8회 전산회계운용사 실기모의고사

※ 무 단 전 재 금 함	프로그램	제한시간	수험번호	성 명
	CAMP sERP	60분		

3급	B형

답안 작성시 유의사항

➤ 인적사항 누락 및 작성 오류로 인한 불이익은 수험자 책임으로 합니다.

➤ 시험은 반드시 주어진 문제의 순서대로 진행하여야 합니다.

➤ 반드시 지시사항에 따라 기초기업자료를 확인하고, 해당 기초기업자료가 나타나지 않는 경우는 감독관에게 문의하시기 바랍니다.

➤ 기초기업자료를 선택하여 해당 문제를 풀이한 후 프로그램 종료 전 반드시 답안을 저장해야 합니다.

➤ 각종 코드는 문제에서 제시된 코드로 입력하여야 하며, 수험자가 임의로 부여한 코드는 오답으로 처리합니다. 단, 문제에 코드가 없는 경우에는 그러하지 아니합니다.

➤ 계정과목을 입력할 때는 반드시 [검색] 기능이나 [조회] 기능을 이용하여 계정과목을 등록하되 다음의 자산은 변경 후 계정과목(평가손익, 처분손익)을 적용합니다.

변경 전	변경 후
계정과목	계정과목
단기매매금융자산	당기손익-공정가치측정금융자산
매도가능금융자산	기타포괄손익-공정가치측정금융자산
만기보유금융자산	상각후원가측정금융자산

➤ 답안파일명은 자동으로 부여되므로 별도 답안파일을 작성할 필요가 없습니다. 또한, 답안 저장 및 제출 시간은 별도로 주어지지 아니하므로 제한 시간 내에 답안 저장 및 제출을 완료해야 합니다.

대한상공회의소

합격마법사 | 전산회계운용사 실기 **모의고사**

문제 **01** 회계원리

▶ 지시사항

다음의 1번, 2번, 3번, 4번 문항은 CAMP sERP 프로그램을 '교육용로그인'할 때 불러오기를 클릭하고 [멘토르스쿨(2023)] → [제3장 모의고사] → [제8회 모의고사]_스마일뷰티(주).zip(회계연도는 2023.1.1 ~ 12.31이다.)를 불러온 후 진행합니다. [사용자번호 : (12345678), 성명 : (김갑수)]

---

01 다음 제시되는 기준정보를 입력하시오.   16점/각4점

1 다음의 신규 상품(품목)을 등록하시오.

품목코드	품목(품명)	(상세)규격	품목 구분(종류)	기본 단위
1004	아이크림	3호	상품	EA

2 다음의 신규 부서를 등록하시오.   각2점

조직(부서)명	조직(부서)코드	제조/판관	비고
제품연구부	50	판관	
인사총무부	60	판관	

3 다음의 신규 거래처를 등록하시오.   각2점

거래처(상호)명	거래처분류(구분)	거래처코드	대표자	사업자번호	업태/종목
(주)동백화장품	매입처(일반)	02004	신동백	106-81-14567	제조/화장품
매화화장품(주)	매출처(일반)	03004	김매화	120-23-33158	도소매/화장품

4 다음의 정기예금을 등록하시오.

거래처(상호)명	거래처코드	은행(금융기관)명	예금종류명	계좌번호	계약기간(가입일~만기일)	이자율
우리은행(정기적금)	98004	우리은행	정기적금	505-02-1234567	2023.12.03. ~ 2024.12.02	3%

02 다음 거래를 입력하시오. 단, 채권, 채무 및 금융 거래는 거래처를 입력한다.   36점/각4점

1 12월 2일   일등전자에서 사무실용 복합기 1대를 ₩600,000에 구입하고 대금은 월말에 지급하기로 하다. 단, 거래처 및 비유동자산은 다음과 같이 등록한다.

거래처(상호)명	거래처분류(구분)	거래처코드	대표자	사업자번호	업태/종목
일등전자	매입처(일반)	07002	김일등	104-56-12348	제조/복합기

자산코드	계정과목(자산계정)	자산명	내용연수	상각방법
7005	비품	관리부복합기	5년	정액법

2 12월 4일   기준정보에서 등록한 1년 만기 정기적금(우리은행) 계좌에 현금 ₩3,000,000을 예입하다.

3 12월 5일   장기차입금(씨티은행)에 대한 이자 ₩600,000이 보통예금(국민은행)계좌에서 인출되었음을 확인하다.

4 12월 13일   매출처 백두화장품(주)의 외상매출금 중 ₩15,000,000을 동사 발행의 약속어음(어음번호 : 가나12345678, 만기일 : 2024년 2월 13일, 지급은행 : 하나은행)으로 받다.

5 12월 14일   상품을 매입하고 전자세금계산서를 발급받다.

전자세금계산서 (공급받는자 보관용)

승인번호 20231214-XXXX0151

	공급자			공급받는자		
등록번호	101-81-10343		등록번호	104-81-23454		
상호	(주)드림화장품	성명(대표자) 신드림	상호	스마일뷰티(주)	성명(대표자) 김미소	
사업장주소	서울특별시 중구 세종대로 141		사업장주소	서울특별시 중구 남대문로 52-13		
업태	제조, 도매	종사업장번호	업태	도매 및 상품중개업	종사업장번호	
종목	화장품		종목	화장품		
E-Mail	efgf@kcci.com		E-Mail	abce@kcci.com		

작성일자	2023.12.14.	공급가액	12,000,000	세 액	1,200,000
비고					

월	일	품목명	규격	수량	단가	공급가액	세액	비고
12	14	향수	2호	300	40,000	12,000,000	1,200,000	

합계금액	현금	수표	어음	외상미수금	이 금액을	○ 영수 / ● 청구	함
13,200,000				13,200,000			

6 12월 18일   상품을 매출하고 전자세금계산서를 발급하다.

전자세금계산서 (공급자 보관용)

							승인번호	20231218-XXXX0253

공급자	등록번호	104-81-23454			공급받는자	등록번호	220-81-82565	
	상호	스마일뷰티(주)	성명(대표자)	김미소		상호	백두화장품(주)	성명(대표자) 정백두
	사업장주소	서울특별시 중구 남대문로 52-13				사업장주소	서울특별시 강남구 강남대로 238	
	업태	도매 및 상품중개업	종사업장번호			업태	도소매	종사업장번호
	종목	화장품				종목	화장품	
	E-Mail	abce@kcci.com				E-Mail	qwas@kcci.com	

작성일자	2023.12.18.	공급가액	17,000,000	세 액	1,700,000
비고					

월	일	품목명	규격	수량	단가	공급가액	세액	비고
12	18	로션	1호	50	100,000	5,000,000	500,000	
12	18	향수	2호	150	80,000	12,000,000	1,200,000	

합계금액	현금	수표	어음	외상미수금	이 금액을	○ 영수 / ● 청구	함
18,700,000				18,700,000			

---

7 12월 24일　단기 시세차익을 목적으로 취득한 (주)대한 발행 주식(액면금액 @₩5,000, 취득금액 @₩10,000) 중 300주를 1주당 ₩20,000에 처분하고, 대금은 수수료 ₩10,000을 차감하고 당좌예금(신한은행)계좌로 입금 받다.

8 12월 26일　상록화장품(주)로부터 상품을 주문받고, 계약금 ₩500,000을 자기앞수표로 받다.

9 12월 27일　다음 경비를 현금으로 지급하다
거래처 개업 축하화환 ₩200,000　　교통 위반 과태료 ₩70,000

03 다음 기말(12월 31일) 결산 정리 사항을 회계 처리하고 마감하시오. 20점/각4점

1 5월 1일에 지급한 보험료 선급분(미경과분)을 계상하다. 단, 보험료는 월할계산한다.

2 소모품 미사용액 ₩120,000을 계상하다.

3 매출채권 잔액에 대하여 1%의 대손충당금(보충법)을 설정하다.

4 모든 비유동자산에 대하여 감가상각비를 계상하다.

5 기말상품재고액을 입력하고 결산 처리하다. 단, 재고평가는 선입선출법으로 한다.

04 다음 사항을 조회하여 번호 순서대로 단답형 답안에 등록하시오. 28점/각4점

> ※ CAMP sERP는 [단답형답안작성]메뉴에서 답안을 등록 후 [저장]버튼을 클릭합니다.
> SPlus는 [단답형답안]메뉴에서 답안을 등록 후 [답안저장]버튼을 클릭합니다.
> ※ 문자 외의 숫자는 ₩, 원, 월, 단위구분자(,) 등을 생략하고 숫자만 입력하되 소수점이 포함되어 있는 숫자의
> 경우에는 소수점을 입력합니다.
> (예시) 54200(○), 54.251(○), ₩54,200(×), 54,200원(×), 5월(×), 500개(×), 50건(×)

1 1월 1일부터 10월 31일까지 (주)알파화장품의 외상매입금 지급 총액은 얼마인가?

2 3월 1일부터 9월 30일까지의 보통예금 예입 총액은 얼마인가?

3 8월 31일 현재 백두화장품(주)의 외상매출금 잔액은 얼마인가?

4 10월 10일 현재 현금 잔액은 얼마인가?

5 11월 30일 현재 보습젤의 재고수량은 몇 EA인가?

6 1월 1일부터 12월 31일까지 한국채택국제회계기준(K-IFRS)에 의한 포괄손익계산서(기능별)에 표시되는 매출원가는 얼마인가?

7 12월 31일 현재 한국채택국제회계기준(K-IFRS)에 의한 재무상태표에 표시되는 유동자산의 금액은 얼마인가?

▶ 답안저장하기 : 오른쪽 상단의 [종료 또는 로그아웃]버튼 클릭 → 답안파일 제출

제9회 전산회계운용사 실기모의고사

※ 무 단 전 재 금 함	프로그램	제한시간	수험번호	성 명
	CAMP sERP	60분		

3급	B형

답안 작성시 유의사항

➤ 인적사항 누락 및 작성 오류로 인한 불이익은 수험자 책임으로 합니다.

➤ 시험은 반드시 주어진 문제의 순서대로 진행하여야 합니다.

➤ 반드시 지시사항에 따라 기초기업자료를 확인하고, 해당 기초기업자료가 나타나지 않는 경우는 감독관에게 문의하시기 바랍니다.

➤ 기초기업자료를 선택하여 해당 문제를 풀이한 후 프로그램 종료 전 반드시 답안을 저장해야 합니다.

➤ 각종 코드는 문제에서 제시된 코드로 입력하여야 하며, 수험자가 임의로 부여한 코드는 오답으로 처리합니다. 단, 문제에 코드가 없는 경우에는 그러하지 아니합니다.

➤ 계정과목을 입력할 때는 반드시 [검색] 기능이나 [조회] 기능을 이용하여 계정과목을 등록하되 다음의 자산은 변경 후 계정과목(평가손익, 처분손익)을 적용합니다.

변경 전	변경 후
계정과목	계정과목
단기매매금융자산	당기손익-공정가치측정금융자산
매도가능금융자산	기타포괄손익-공정가치측정금융자산
만기보유금융자산	상각후원가측정금융자산

➤ 답안파일명은 자동으로 부여되므로 별도 답안파일을 작성할 필요가 없습니다. 또한, 답안 저장 및 제출 시간은 별도로 주어지지 아니하므로 제한 시간 내에 답안 저장 및 제출을 완료해야 합니다.

대한상공회의소

합격마법사 | 전산회계운용사 실기 **모의고사**

문제 **01** 회계원리

▶ 지시사항

다음의 1번, 2번, 3번, 4번 문항은 CAMP sERP 프로그램을 '교육용로그인'할 때 불러오기를 클릭하고 [멘토르스쿨(2023)] → [제3장 모의고사] → [제9회 모의고사]_나라자전거(주).zip(회계연도는 2023.1.1 ~ 12.31이다.)를 불러온 후 진행합니다. [사용자번호 : (12345678), 성명 : (김갑수)]

---

01 다음 제시되는 기준정보를 입력하시오.   16점/각4점

1 다음의 신규 거래처를 등록하시오.   각2점

거래처(상호)명	거래처분류(구분)	거래처코드	대표자	사업자번호	업태/종목
서서자전거(주)	매입처(일반)	02004	조상용	110-81-55795	제조업/자전거및이륜차
광주자전거(주)	매출처(일반)	03005	장명순	409-81-14753	도소매업/자전거및 자전거부품

2 다음 유형자산을 등록하시오.

자산코드	계정과목(자산계정)	자산명	수량	취득일	취득가액	내용연수	상각방법
302	비품	책장	1개	2023.12.4	₩1,200,000	5년	정액법

3 다음의 신규 상품(품목)을 등록하시오.

품목코드	품목/가격	(상세)규격	품목종류(자산)	기준단위
4004	2인승자전거	TT	상품	EA

4 다음의 신규 부서를 등록하시오.   각2점

조직(부서)명	조직(부서)코드	제조/판관	비고
재무팀	13	판관	
고객지원팀	14	판관	

02 다음 거래를 입력하시오. 단, 채권, 채무 및 금융 거래는 거래처를 입력한다. 36점/각4점

1 12월 4일   기준정보에서 등록한 책장 1대를 ₩1,200,000에 고성가구로부터 구입하고, 대금은 보통
예금(기업은행) 계좌에서 이체하여 지급하다.

2 12월 6일   영업직원의 업무능력 향상을 위해 외부전문가를 초빙하여 교육을 실시하다. 강사료는
₩1,000,000이며, 원천징수 세액 ₩44,000을 차감한 금액을 현금으로 지급하다.

3 12월 8일   상품을 매입하고 전자세금계산서를 발급받다.

전자세금계산서			(공급받는자 보관용)		승인번호		20231208-XXXX0151	
공급자	등록번호	128-81-45677			등록번호	109-81-12345		
	상호	이륜공업(주)	성명(대표자)	박광철	상호	나라자전거(주)	성명(대표자)	김현태
	사업장주소	경기도 고양시 덕양구 중앙로 110			사업장주소	서울특별시 강서구 공항대로 20		
	업태	제조		종사업장번호	업태	도매 및 상품중개업		종사업장번호
	종목	자전거			종목	자전거및자전거부품		
	E-Mail	dlfbs8579@kcci.com			E-Mail	nara359@kcci.com		

작성일자	2023.12.08.	공급가액	20,000,000	세 액	2,000,000
비고					

월	일	품목명	규격	수량	단가	공급가액	세액	비고
12	8	시티자전거	CC	40	500,000	20,000,000	2,000,000	

합계금액	현금	수표	어음	외상미수금	이 금액을	○ 영수 / ● 청구	함
22,000,000				22,000,000			

4 12월 11일   오천자전거(주)와 2인승자전거 50개(EA)에 대한 판매 계약을 체결하고, 계약금
₩5,000,000을 보통예금(기업은행) 계좌로 수취하다. 2인승자전거의 개(EA)당 판매단가
는 ₩900,000이다.

5 12월 13일   매출처 한국유통(주)에서 수취한 약속어음 ₩13,200,000(어음번호 : 가타20230025, 만
기일 : 2023년 12월 13일, 지급은행 : 신한은행)이 금일 만기가 되어 당점의 당좌예금(신
한은행) 계좌에 입금되다.

6 12월 15일   상품을 매출하고 전자세금계산서를 발행하다. 부가가치세(10%)를 포함한 대금은 약속어
음(어음번호: 가타20230067, 만기일: 2024년 3월 8일, 지급은행: 신한은행)으로 받다.

전자세금계산서			(공급자 보관용)				승인번호		20231215-XXXX0253	
공급자	등록번호		109-81-12345			공급받는자	등록번호		137-81-24263	
	상호	나라자전거(주)	성명 (대표자)	김현태			상호	고려자전거(주)	성명 (대표자)	고민수
	사업장 주소	서울특별시 강서구 공항대로 20					사업장 주소	인천광역시 서구 백범로 780		
	업태	도매 및 상품중개업	종사업장번호				업태	도소매	종사업장번호	
	종목	자전거및자전거부품					종목	자전거		
	E-Mail	nara359@kcci.com					E-Mail	golyeo8156@kcci.com		
작성일자		2023.12.15	공급가액		30,000,000		세 액		3,000,000	
비고										

월	일	품목명	규격	수량	단가	공급가액	세액	비고
12	15	산악용자전거	MM	30	1,000,000	30,000,000	3,000,000	

합계금액	현금	수표	어음	외상미수금	이 금액을	● 영수 ○ 청구	함
33,000,000			33,000,000				

7 12월 18일 장기 투자 목적으로 기흥정밀(주) 주식 1,200주(액면금액 @₩5,000)를 주당 ₩15,000에 매입하고, 대금은 보통예금(기업은행) 계좌에서 지급하다.

8 12월 22일 상환기일이 도래한 신한캐피탈(주)의 유동성장기부채 ₩30,000,000에 대해 계약기간을 2년 연장하고, 이자 ₩150,000은 현금으로 지급하다.

9 12월 26일 거래처 송년회에 참석하여 회식비 ₩850,000을 KB카드로 결제하다.

03 다음 기말(12월 31일) 결산 정리 사항을 회계 처리하고 마감하시오.   20점/각4점

① 이자 미지급분 ₩480,000을 계상하다.

② 단기 시세 차익을 목적으로 보유중인 대호전재(주) 주식 2,500주(액면금액 @₩5,000, 취득금액 @₩12,000)를 1주당 ₩15,000으로 평가하다.

③ 매출채권 잔액에 대하여 1%의 대손충당금(보충법)을 설정하다.

④ 모든 비유동자산에 대하여 감가상각비를 계상하다.

⑤ 기말상품재고액을 입력하고 결산 처리하다. 단, 재고평가는 선입선출법으로 한다.

04 다음 사항을 조회하여 번호 순서대로 단답형 답안에 등록하시오.   28점/각4점

※ CAMP sERP는 [단답형답안작성]메뉴에서 답안을 등록 후 [저장]버튼을 클릭합니다.
　New sPLUS는 [답안수록]메뉴에서 답안을 등록 후 [답안저장]버튼을 클릭합니다.
※ 문자 외의 숫자는 ₩, 원, 월, 단위구분자(,) 등을 생략하고 숫자만 입력하되 소수점이 포함되어 있는 숫자의 경우에는 소수점을 입력합니다.
　(예시) 54200(○), 54.251(○), ₩54,200(×), 54,200원(×), 5월(×), 500개(×), 50건(×)

① 1월부터 5월까지 보통예금 입금액은 얼마인가?

② 1월부터 6월까지 매출액이 가장 많은 달은 몇 월인가?

③ 2월의 판매비와관리비 중 가장 많이 지출한 항목(계정과목)의 금액은 얼마인가?

④ 7월 15일 현재 도로형자전거의 재고와 산악용자전거의 재고 합계는 몇 개(EA)인가?

⑤ 9월 30일 현재 외상매입금의 잔액이 가장 많은 매입처의 금액은 얼마인가?

⑥ 1월 1일부터 12월 31일까지 한국채택국제회계기준(K-IFRS)에 의한 포괄손익계산서(기능별)에 표시되는 기타수익은 얼마인가?

⑦ 12월 31일 현재 한국채택국제회계기준(K-IFRS)에 의한 재무상태표에 표시되는 유동자산에서 유동부채를 차감한 금액은 얼마인가?

▶ 답안저장하기 : 오른쪽 상단의 [종료 또는 로그아웃]버튼 클릭 → 답안파일 제출

제10회 전산회계운용사 실기모의고사

※ 무 단 전 재 금 함	프로그램	제한시간	수험번호	성 명
	CAMP sERP	60분		

3급	B형

답안 작성시 유의사항

➤ 인적사항 누락 및 작성 오류로 인한 불이익은 수험자 책임으로 합니다.

➤ 시험은 반드시 주어진 문제의 순서대로 진행하여야 합니다.

➤ 반드시 지시사항에 따라 기초기업자료를 확인하고, 해당 기초기업자료가 나타나지 않는 경우는 감독관에게 문의하시기 바랍니다.

➤ 기초기업자료를 선택하여 해당 문제를 풀이한 후 프로그램 종료 전 반드시 답안을 저장해야 합니다.

➤ 각종 코드는 문제에서 제시된 코드로 입력하여야 하며, 수험자가 임의로 부여한 코드는 오답으로 처리합니다. 단, 문제에 코드가 없는 경우에는 그러하지 아니합니다.

➤ 계정과목을 입력할 때는 반드시 [검색] 기능이나 [조회] 기능을 이용하여 계정과목을 등록하되 다음의 자산은 변경 후 계정과목(평가손익, 처분손익)을 적용합니다.

변경 전	변경 후
계정과목	계정과목
단기매매금융자산	당기손익-공정가치측정금융자산
매도가능금융자산	기타포괄손익-공정가치측정금융자산
만기보유금융자산	상각후원가측정금융자산

➤ 답안파일명은 자동으로 부여되므로 별도 답안파일을 작성할 필요가 없습니다. 또한, 답안 저장 및 제출 시간은 별도로 주어지지 아니하므로 제한 시간 내에 답안 저장 및 제출을 완료해야 합니다.

합격마법사 | 전산회계운용사 실기 **모의고사**

문제 01 회계원리

▶ 지시사항

다음의 1번, 2번, 3번, 4번 문항은 CAMP sERP 프로그램을 '교육용로그인'할 때 불러오기를 클릭하고 [멘토르스쿨(2023)] → [제3장 모의고사] → [제10회 모의고사]_상공화장품(주).zip(회계연도는 2023.1.1 ~ 12.31이다.)를 불러온 후 진행합니다. [사용자번호 : (12345678), 성명 : (김갑수)]

---

01 다음 제시되는 기준정보를 입력하시오.

1 다음의 신규부서를 등록하시오.

조직(부서)명	조직(부서)코드	제조/판관	비고
연구개발부	50	판관	
글로벌마케팅부	60	판관	

2 다음의 신규 품목정보를 등록하시오.

품목코드	품목(품명)	(상세)규격	품목 구분(종류)	기본단위
1004	톤업크림	3호	상품	EA

3 다음의 신규 거래처를 등록하시오.

거래처(상호)명	거래처분류(구분)	거래처코드	대표자	사업자번호	업태/종목
(주)미래화장품	매입처(일반)	02004	박미래	502-81-43315	제조/화장품
동해화장품(주)	매출처(일반)	03004	김동해	113-81-34668	도소매/화장품

4 다음의 정기예금을 등록하시오.

거래처 (상호)명	거래처 코드	은행 (금융기관)명	예금 종류명	계좌번호	계약기간(가입일~만기일)
기업은행 (정기예금)	98004	기업은행	정기예금	113-54-1234	2023.12.23. ~ 2024.12.22

02 다음 거래를 입력하시오. 단, 채권, 채무 및 금융 거래는 거래처를 입력한다.   36점

1 12월 2일   상록화장품(주)에 대한 외상매출금 중 ₩5,000,000이 당좌예금(신한은행)계좌에 입금되었음을 확인하다.

2 12월 3일   씽씽자동차(주)에서 영업용 자동차 1대를 ₩6,000,000에 구입하고 대금은 당좌예금(신한은행) 계좌에서 이체하여 지급하다. 단, 유형자산을 등록하시오.

자산코드	계정과목(자산계정)	자산명	내용연수	상각방법
7005	차량운반구	업무용승합차	5년	정액법

3 12월 4일   상품을 매입하고 전자세금계산서를 발급받다.

전자세금계산서			(공급받는자 보관용)			승인번호		20231204-XXXX0151	
공급자	등록번호	101-81-10343			공급받는자	등록번호	104-81-23454		
	상호	(주)드림화장품	성명(대표자)	신드림		상호	상공화장품(주)	성명(대표자)	정주호
	사업장주소	서울특별시 중구 세종대로 141				사업장주소	서울특별시 중구 남대문로 52-13		
	업태	제조, 도매	종사업장번호			업태	도매 및 상품중개업	종사업장번호	
	종목	화장품				종목	화장품		
	E-Mail	efgf@asnggong.com				E-Mail	abce@kcci.com		
작성일자		2023.12.04.	공급가액	12,500,000		세액		1,2500,000	
비고									

월	일	품목명	규격	수량	단가	공급가액	세액	비고
12	4	로션	1호	250	50,000	12,500,000	1,250,000	

합계금액	현금	수표	어음	외상미수금	이 금액을	○ 영수 / ● 청구	함
13,750,000				13,750,000			

4 12월 5일   본사 이전용 토지를 ₩30,000,000에 취득하고, 대금은 취득세 등 제비용 ₩1,000,000과 함께 보통예금(국민은행)계좌에서 인출하여 지급하다.

5 12월 9일   (주)드림화장품의 외상매입금 중 ₩2,000,000에 대하여 약속어음(어음번호 : 가나50320006, 만기일 : 2024년 3월 9일, 지급은행 : 신한은행)을 발행하여 지급하다.

6 12월 12일   상품을 매출하고 전자세금계산서를 발급하다.

전자세금계산서			(공급자 보관용)			승인번호		20231212-XXXX0253	

공급자	등록번호	104-81-23454			공급받는자	등록번호	203-81-12348		
	상호	상공화장품(주)	성명 (대표자)	정주호		상호	한라화장품(주)	성명 (대표자)	진한라
	사업장 주소	서울특별시 중구 남대문로 52-13				사업장 주소	서울특별시 송파구 도곡로 434		
	업태	도매 및 상품중개업	종사업장번호			업태	도소매	종사업장번호	
	종목	화장품				종목	화장품		
	E-Mail	abce@kcci.com				E-Mail	qwas@asnggong.com		

작성일자	2023.12.12.	공급가액	27,200,000	세 액	2,720,000
비고					

월	일	품목명	규격	수량	단가	공급가액	세액	비고
12	12	로션	1호	200	100,000	20,000,000	2,000,000	
12	12	보습젤	100호	120	60,000	7,200,000	720,000	

합계금액	현금	수표	어음	외상미수금	이 금액을	○ 영수 ◉ 청구	함
29,920,000				29,920,000			

7 **12월 17일** 매입처 (주)알파화장품에 발행한 약속어음(어음번호 : 다라30002341, 만기일 : 2023년 12월 17일, 지급은행 : 신한은행) ₩20,000,000이 금일 만기가 되어 당좌예금(신한은행) 계좌에서 결제되다.

8 **12월 23일** 현금 ₩3,000,000을 기업은행에 정기예금(1년 만기)으로 예입하다.

9 **12월 27일** 다음의 경비를 현금으로 지급하다.
영업부 직원 회식비 ₩250,000   거래처 직원 결혼 축의금 ₩200,000

03 다음 기말(12월 31일) 결산 정리 사항을 회계 처리하고 마감하시오.　　　　20점/각4점

　　1 소모품 사용액은 ₩500,000이다.

　　2 보유중인 당기손익–공정가치측정금융자산을 ₩5,500,000으로 평가하다.

　　3 매출채권 잔액에 대하여 1%의 대손충당금(보충법)을 설정하다.

　　4 모든 비유동자산에 대하여 감가상각비를 계상하다.

　　5 기말상품재고액을 입력하고 결산 처리하다. 단, 재고평가는 선입선출법으로 한다.

04 다음 사항을 조회하여 번호 순서대로 단답형 답안에 등록하시오.

　　※ CAMP sERP는 [단답형답안작성]메뉴에서 답안을 등록 후 [저장]버튼을 클릭합니다.
　　　 SPlus는 [단답형답안]메뉴에서 답안을 등록 후 [답안저장]버튼을 클릭합니다.
　　※ 문자 외의 숫자는 ₩, 원, 월, 단위구분자(,) 등을 생략하고 숫자만 입력하되 소수점이 포함되어 있는 숫자의
　　　 경우에는 소수점을 입력합니다.
　　　 (예시) 54200(○), 54.251(○), ₩54,200(×), 54,200원(×), 5월(×), 500개(×), 50건(×)

　　1 4월부터 9월까지 판매비와관리비가 가장 많이 발생한 달은 몇 월인가?

　　2 10월 31일 현재 당좌예금 잔액은 얼마인가?

　　3 12월 31일 현재 로션의 재고수량은 몇 개인가?

　　4 4월 1일부터 9월 30일까지 현금의 지출 총액은 얼마인가?

　　5 10월 31일 현재 (주)강남화장품의 외상매입금 잔액은 얼마인가?

　　6 1월 1일부터 12월 31일까지 한국채택국제회계기준(K–IFRS)에 의한 포괄손익계산서(기능별)에 표시되
　　　 는 영업이익은 얼마인가?

　　7 12월 31일 현재 한국채택국제회계기준(K–IFRS)에 의한 재무상태표에 표시되는 부채총계는 얼마인가?

▶ 답안저장하기 : 오른쪽 상단의 [종료 또는 로그아웃]버튼 클릭 → 답안파일 제출

제11회 전산회계운용사 실기모의고사

※ 무 단 전 재 금 함	프로그램	제한시간	수험번호	성 명
	CAMP sERP	60분		

3급	B형

답안 작성시 유의사항

➤ 인적사항 누락 및 작성 오류로 인한 불이익은 수험자 책임으로 합니다.

➤ 시험은 반드시 주어진 문제의 순서대로 진행하여야 합니다.

➤ 반드시 지시사항에 따라 기초기업자료를 확인하고, 해당 기초기업자료가 나타나지 않는 경우는 감독관에게 문의하시기 바랍니다.

➤ 기초기업자료를 선택하여 해당 문제를 풀이한 후 프로그램 종료 전 반드시 답안을 저장해야 합니다.

➤ 각종 코드는 문제에서 제시된 코드로 입력하여야 하며, 수험자가 임의로 부여한 코드는 오답으로 처리합니다. 단, 문제에 코드가 없는 경우에는 그러하지 아니합니다.

➤ 계정과목을 입력할 때는 반드시 [검색] 기능이나 [조회] 기능을 이용하여 계정과목을 등록하되 다음의 자산은 변경 후 계정과목(평가손익, 처분손익)을 적용합니다.

변경 전	변경 후
계정과목	계정과목
단기매매금융자산	당기손익-공정가치측정금융자산
매도가능금융자산	기타포괄손익-공정가치측정금융자산
만기보유금융자산	상각후원가측정금융자산

➤ 답안파일명은 자동으로 부여되므로 별도 답안파일을 작성할 필요가 없습니다. 또한, 답안 저장 및 제출 시간은 별도로 주어지지 아니하므로 제한 시간 내에 답안 저장 및 제출을 완료해야 합니다.

대한상공회의소

합격마법사 | 전산회계운용사 실기 **모의고사**

문제 01 회계원리

▶ 지시사항

다음의 1번, 2번, 3번, 4번 문항은 CAMP sERP 프로그램을 '교육용로그인'할 때 불러오기를 클릭하고 [멘토르스쿨(2023)] → [제3장 모의고사] → [제11회 모의고사]_대명화장품(주).zip(회계연도는 2023.1.1 ~ 12.31이다.)를 불러온 후 진행합니다. [사용자번호 : (12345678), 성명 : (김갑수)]

---

01 다음 제시되는 기준정보를 입력하시오.   16점/각4점

① 다음의 신규 거래처를 등록하시오.   각2점

거래처(상호)명	거래처분류(구분)	거래처코드	대표자	사업자번호	업태/종목
(주)코코화장품	매입처(일반)	02004	김샤넬	106-81-01475	제조/화장품
로랑화장품(주)	매출처(일반)	03004	유로랑	148-81-12340	도소매/화장품

② 다음 유형자산을 등록하시오.

자산코드	계정과목(자산계정)	자산명	수량	취득일	취득가액	내용연수	상각방법
7005	비품	복합기	1대	2023.12.10	₩3,500,000	5년	정액법

③ 다음의 신규 상품(품목)을 등록하시오.

품목코드	품목(품명)	(상세)규격	품목 구분(종류)	기본 단위
1004	CC크림	3호	상품	EA

④ 다음의 신규 부서를 등록하시오.   각2점

조직(부서)명	조직(부서)코드	제조/판관	비고
홍보관리부	50	판관	
인사관리부	60	판관	

02 다음 거래를 입력하시오. 단, 채권, 채무 및 금융 거래는 거래처를 입력한다. 　　36점/각4점

☐1 12월 2일　　종업원 급여를 다음과 같이 보통예금(국민은행)계좌에서 이체하여 지급하다.

급여총액	공제 내역				실지급액
	소득세	건강보험료	국민연금	계	
₩5,000,000	₩50,000	₩180,000	₩220,000	₩450,000	₩4,550,000

☐2 12월 5일　　단기 시세 차익을 목적으로 (주)상공 발행 주식 300주(액면금액@₩5,000, 취득금액 @₩25,000)를 취득하고, 대금은 거래수수료 ₩30,000과 함께 현금으로 지급하다.

☐3 12월 8일　　상품을 매입하고 전자세금계산서를 발급받다.

전자세금계산서			(공급받는자 보관용)				승인번호		20231208-XXXX0151	
공급자	등록번호	101-81-10343			공급받는자	등록번호	104-81-23454			
	상호	(주)드림화장품	성명 (대표자)	신드림		상호	대명화장품(주)	성명 (대표자)	정수호	
	사업장 주소	서울특별시 중구 세종대로 141				사업장 주소	서울특별시 중구 남대문로 52-13			
	업태	제조, 도매	종사업장번호			업태	도매 및 상품중개업	종사업장번호		
	종목	화장품				종목	화장품			
	E-Mail	efgf@asnggong.com				E-Mail	abce@kcci.com			
작성일자	2023.12.08.		공급가액	9,000,000		세 액	900,000			
비고										
월	일	품목명	규격	수량	단가	공급가액	세액	비고		
12	8	보습젤	100호	300	30,000	9,000,000	900,000			
합계금액	현금	수표	어음	외상미수금	이 금액을	○ 영수 ● 청구	함			
9,900,000	5,000,000			4,900,000						

☐4 12월 10일　　업무용 복합기(자산코드 : 7004) 1대를 용산전자(주)로부터 ₩3,500,000에 외상으로 구입하다.

☐5 12월 12일　　상록화장품(주)에 대하여 단기대여금 ₩10,000,000과 함께 이자 ₩150,000이 보통예금 (국민은행) 계좌에 입금되었음을 확인하다.

☐6 12월 16일　　상품을 매출하고 전자세금계산서를 발급하다. 대금 중 ₩20,000,000은 한라화장품(주) 발행 약속어음(어음번호 : 다라20009876, 만기일 : 2024년 2월 16일, 지급은행 : 신한 은행)으로 받고, 잔액은 외상으로 하다.

전자세금계산서						(공급자 보관용)		승인번호		20231216-XXXX0253	

공급자	등록번호	104-81-23454			공급받는자	등록번호	230-81-12348		
	상호	대명화장품(주)	성명(대표자)	정수호		상호	한라화장품(주)	성명(대표자)	진한라
	사업장 주소	서울특별시 중구 남대문로 52-13				사업장 주소	서울특별시 송파구 도곡로 434		
	업태	도매 및 상품중개업	종사업장번호			업태	도소매	종사업장번호	
	종목	화장품				종목	화장품		
	E-Mail	abce@kcci.com				E-Mail	qwas@sanggong.com		

작성일자	2023.12.16	공급가액	24,000,000	세 액	2,400,000
비고					

월	일	품목명	규격	수량	단가	공급가액	세액	비고
12	16	로션	1호	120	100,000	12,000,000	1,200,000	
12	16	향수	2호	150	80,000	12,000,000	1,200,000	

합계금액	현금	수표	어음	외상미수금	이 금액을	○ 영수 ◉ 청구	함
26,400,000			20,000,000	6,400,000			

7 12월 17일 매입처 (주)알파화장품에 발행한 약속어음(어음번호 : 다라30002341, 만기일 : 2023년 12월 17일, 지급은행 : 신한은행) ₩20,000,000이 금일 만기가 되어 당좌예금(신한은행) 계좌에서 결제되었음을 통보받다.

8 12월 19일 1년 만기 정기예금(우리은행)에 가입하고, 월 불입액 ₩1,000,000을 현금으로 예입하다. 단, 금융거래처를 등록하시오.

거래처(상호)명	거래처 코드	은행(금융기관)명	예금 종류명	계좌번호	계약기간(가입일~만기일)	이자율
우리은행 (정기예금)	98004	우리은행	정기예금	147-8526-848	2023.12.19. ~ 2024.12.18	3%

9 12월 30일 업무용 트럭과 관련하여 다음에 해당하는 비용을 현금으로 지급하다.
타이어 교환 ₩170,000   차량주유비 ₩50,000   자동차세 ₩80,000

03 다음 기말(12월 31일) 결산 정리 사항을 회계 처리하고 마감하시오. 20점/각4점

　1　5월 1일 지급한 보험료 미경과분 ₩240,000을 계상하다.

　2　결산일 현재 현금 실제잔액이 장보잔액보다 ₩30,000 부족하나 그 원인은 알 수 없다.

　3　매출채권 잔액에 대하여 1%의 대손충당금(보충법)을 설정하다.

　4　모든 비유동자산에 대하여 감가상각비를 계상하다.

　5　기말상품재고액을 입력하고 결산 처리하다. 단, 재고평가는 선입선출법으로 한다.

04 다음 사항을 조회하여 번호 순서대로 단답형 답안에 등록하시오. 28점/각4점

> ※ CAMP sERP는 [단답형답안작성]메뉴에서 답안을 등록 후 [저장]버튼을 클릭합니다.
>   SPlus는 [단답형답안]메뉴에서 답안을 등록 후 [답안저장]버튼을 클릭합니다.
> ※ 문자 외의 숫자는 ₩, 원, 월, 단위구분자(,) 등을 생략하고 숫자만 입력하되 소수점이 포함되어 있는 숫자의
>   경우에는 소수점을 입력합니다.
>   (예시) 54200(○), 54.251(○), ₩54,200(×), 54,200원(×), 5월(×), 500개(×), 50건(×)

　1　1월 1일부터 5월 31일까지 지출된 현금 총액은 얼마인가?

　2　1월 1일부터 6월 30일까지 로션의 총 매입 수량은 몇 EA인가?

　3　1월 2일부터 6월 30일까지 (주)알파화장품의 외상매입금 지급 총액은 얼마인가?

　4　7월 31일 현재 보통예금의 잔액은 얼마인가?

　5　10월에 발생한 판매비와관리비 총액은 얼마인가?

　6　1월 1일부터 12월 31일까지 한국채택국제회계기준(K-IFRS)에 의한 포괄손익계산서(기능별)에 표시되는 기타비용 금액은 얼마인가?

　7　12월 31일 현재 한국채택국제회계기준(K-IFRS)에 의한 재무상태표에 표시되는 기타유동금융자산의 금액은 얼마인가?

▶ 답안저장하기 : 오른쪽 상단의 [종료 또는 로그아웃]버튼 클릭 → 답안파일 제출

제12회 전산회계운용사 실기모의고사

※ 무 단 전 재 금 함	프로그램	제한시간	수험번호	성 명
	CAMP sERP	60분		

3급	B형

답안 작성시 유의사항

➤ 인적사항 누락 및 작성 오류로 인한 불이익은 수험자 책임으로 합니다.

➤ 시험은 반드시 주어진 문제의 순서대로 진행하여야 합니다.

➤ 반드시 지시사항에 따라 기초기업자료를 확인하고, 해당 기초기업자료가 나타나지 않는 경우
는 감독관에게 문의하시기 바랍니다.

➤ 기초기업자료를 선택하여 해당 문제를 풀이한 후 프로그램 종료 전 반드시 답안을 저장해야
합니다.

➤ 각종 코드는 문제에서 제시된 코드로 입력하여야 하며, 수험자가 임의로 부여한 코드는 오답
으로 처리합니다. 단, 문제에 코드가 없는 경우에는 그러하지 아니합니다.

➤ 계정과목을 입력할 때는 반드시 [검색] 기능이나 [조회] 기능을 이용하여 계정과목을 등록하
되 다음의 자산은 변경 후 계정과목(평가손익, 처분손익)을 적용합니다.

변경 전	변경 후
계정과목	계정과목
단기매매금융자산	당기손익-공정가치측정금융자산
매도가능금융자산	기타포괄손익-공정가치측정금융자산
만기보유금융자산	상각후원가측정금융자산

➤ 답안파일명은 자동으로 부여되므로 별도 답안파일을 작성할 필요가 없습니다. 또한, 답안 저
장 및 제출 시간은 별도로 주어지지 아니하므로 제한 시간 내에 답안 저장 및 제출을 완료해야
합니다.

반드시 아래 지시사항에 따라 기초기업자료를 선택 및 확인하고, 해당 기업자료가 나타나지 않는 경우는 감독관에게 문의하시기 바랍니다.

합격마법사 | 전산회계운용사 실기 **모의고사**

문제 01 회계원리

▶ **지시사항**

다음의 1번, 2번, 3번, 4번 문항은 CAMP sERP 프로그램을 '교육용로그인'할 때 불러오기를 클릭하고 [멘토르스쿨(2023)] → [제3장 모의고사] → [제12회 모의고사]_한양가전(주).zip(회계연도는 2023.1.1 ~ 12.31이다.)를 불러온 후 진행합니다. [사용자번호 : (12345678), 성명 : (김갑수)]

---

01 다음 제시되는 기준정보를 입력하시오.   16점/각4점

1 다음의 유형자산을 등록하시오.

자산코드	계정과목 (자산계정)	자산명	수량	취득일	취득가액	내용연수	상각방법
4004	비품	노트북	1대	2023.12.1	₩2,000,000	5년	정액법

2 다음의 신규 거래처를 등록하시오.   각2점

거래처(상호)명	거래처분류(구분)	거래처코드	대표자	사업자번호	업태/종목
(주)목련	매입처(일반)	00104	한목련	218-81-19448	제조업/주방가전
부산(주)	매출처(일반)	00204	김부산	305-81-67899	도소매업/생활가전

3 다음의 신규 부서를 등록하시오.   각2점

조직(부서)명	조직(부서)코드	제조/판관	비고
인사부	41	판관	
홍보부	51	판관	

4 다음의 신규 상품(품목)을 등록하시오.

품목코드	품목(품명)	(상세)규격	품목 구분(종류)	기준 단위
5004	커피메이커	C1	상품	EA

02 다음 거래를 입력하시오. 단, 채권, 채무 및 금융 거래는 거래처를 입력한다.

1 12월 1일 기준정보에서 등록한 노트북 1대를 ₩2,000,000에 이롬전자(주)로부터 구입하고 대금
중 ₩1,000,000은 보통예금(신한은행) 계좌에서 이체하고, 잔액은 법인신용카드(농협카
드)로 결제하다.

2 12월 4일 현금부족액 ₩150,000은 직원 교육훈련 강사비 ₩100,000과 경리부 전문서적 구입비
₩50,000을 지급하고 기장 누락한 것으로 밝혀지다.

3 12월 5일 상품을 매입하고 전자세금계산서를 발급받다. 부가가치세(10%)를 포함한 대금 중
₩10,000,000은 약속어음(어음번호: 가나11111114, 만기일: 2024년 2월 5일, 지급은
행: 신한은행)을 발행하여 지급하고, 잔액은 외상으로 하다.

전자세금계산서			(공급받는자 보관용)			승인번호	20231205-XXXX0151	
공급자	등록번호	408-81-34566			공급받는자	등록번호	109-81-12345	
	상호	(주)수국	성명(대표자)	전수국		상호	한양가전(주)	성명(대표자) 박상공
	사업장주소	서울특별시 동작구 구사봉10길 10(상도동)				사업장주소	서울특별시 마포구 신촌로 10	
	업태	제조업	종사업장번호			업태	도매 및 상품중개업	종사업장번호
	종목	주방가전				종목	주방가전	
	E-Mail	tnrnr963@kcci.com				E-Mail	hanyang65@kcci.com	
작성일자	2023.12.05.		공급가액	18,000,000		세 액	1,800,000	
비고								

월	일	품목명	규격	수량	단가	공급가액	세액	비고
12	5	압력밥솥	S1	60	200,000	12,000,000	1,200,000	
12	5	분쇄기	M1	60	100,000	6,000,000	600,000	

합계금액	현금	수표	어음	외상미수금	이 금액을	○ 영수 ● 청구	함
19,800,000			10,000,000	9,800,000			

4 12월 7일 매출처 광주(주)에 대한 외상대금 ₩3,000,000을 동사발행 당좌수표로 받다.

5 12월 13일 상품을 매출하고 전자세금계산서를 발급하다. 부가가치세(10%)를 포함한 대금 중 선수금
을 제외하고, 잔액은 외상으로 하다.

전자세금계산서				(공급자 보관용)			승인번호	20231213-XXXX0253

공급자

등록번호	109-81-12345		
상호	한양가전(주)	성명(대표자)	박상공
사업장주소	서울특별시 마포구 신촌로 10		
업태	도매 및 상품중개업	종사업장번호	
종목	주방가전		
E-Mail	hanyang65@kcci.com		

공급받는자

등록번호	121-81-45676		
상호	서울(주)	성명(대표자)	박서울
사업장주소	인천광역시 중구 개항로 10(중앙동4가)		
업태	도소매업	종사업장번호	
종목	생활가전		
E-Mail	seoul88@kcci.com		

작성일자	2023.12.13	공급가액	8,400,000	세 액	840,000
비고					

월	일	품목명	규격	수량	단가	공급가액	세액	비고
12	13	쥬서기	J1	70	120,000	8,400,000	840,000	

합계금액	현금	수표	어음	외상미수금	이 금액을	
9,240,000	3,000,000			6,240,000	○ 영수 ◉ 청구	함

6 **12월 15일** 단기 시세 차익을 목적으로 한일식품(주) 발행의 주식 중 200주(액면금액 @₩5,000)를 주당 ₩8,000에 구입하고 수수료 ₩20,000을 포함한 대금은 당좌예금(국민은행) 계좌에서 이체하여 지급하다.

7 **12월 20일** 종업원 급여 ₩3,100,000을 지급하면서 소득세 ₩200,000과 건강보험료 ₩110,000을 원천징수하고, 보통예금(신한은행) 계좌에서 이체하여 지급하다.

8 **12월 22일** 매입처 (주)장미에 발행한 약속어음 ₩12,000,000(어음번호 : 가나11111112, 만기일 : 2023년 12월 22일, 지급은행 : 신한은행)이 금일 만기가 되어 보통예금(신한은행)계좌에서 인출되었음을 통지받다.

9 **12월 26일** 연말연시를 맞아 직원 선물 ₩500,000과 거래처 선물 ₩300,000을 구입하고 대금은 법인신용카드(농협카드)로 결제하다.

03 다음 기말(12월 31일) 결산 정리 사항을 회계 처리하고 마감하시오. 20점/각4점

1 보험료 선급분(미경과분) ₩280,000을 계상하다.

2 소모품 미사용액 ₩70,000을 계상하다.

3 매출채권 잔액에 대하여 1%의 대손충당금(보충법)을 설정하다.

4 모든 비유동자산에 대하여 감가상각비를 계상하다.

5 기말상품재고액을 입력하고 결산 처리하다. 단, 재고평가는 선입선출법으로 한다.

04 다음 사항을 조회하여 번호 순서대로 단답형 답안에 등록하시오. 28점/각4점

※ CAMP sERP는 [단답형답안작성]메뉴에서 답안을 등록 후 [저장]버튼을 클릭합니다.
New sPLUS는 [답안수록]메뉴에서 답안을 등록 후 [답안저장]버튼을 클릭합니다.
※ 문자 외의 숫자는 ₩, 원, 월, 단위구분자(,) 등을 생략하고 숫자만 입력하되 소수점이 포함되어 있는 숫자의
경우에는 소수점을 입력합니다.
(예시) 54200(○), 54.251(○), ₩54,200(×), 54,200원(×), 5월(×), 500개(×), 50건(×)

1 1월 1일부터 4월 30일까지 현금 지출 총액은 얼마인가?

2 1월 1일부터 5월 31일까지 당좌예금 인출 총액은 얼마인가?

3 1월 1일부터 6월 30일까지 압력밥솥의 출고 수량은 몇 개(EA)인가?

4 9월 30일 현재 광주(주)의 외상매출금 미회수액은 얼마인가?

5 11월 30일 현재 매입채무 잔액은 얼마인가?

6 1월 1일부터 12월 31일까지 한국채택국제회계기준(K-IFRS)에 의한 포괄손익계산서(기능별)에 표시되
는 판매비와관리비의 금액은 얼마인가?

7 12월 31일 현재 한국채택국제회계기준(K-IFRS)에 의한 재무상태표에 표시되는 현금및현금성자산의
금액은 얼마인가?

▶ 답안저장하기 : 오른쪽 상단의 [종료 또는 로그아웃]버튼 클릭 → 답안파일 제출

P A R T

04

최신기출문제

제1회 전산회계운용사 실기 최신기출문제

※ 무 단 전 재 금 함	프로그램	제한시간	수험번호	성 명
	CAMP sERP	60분		

3급	A형

답안 작성시 유의사항

➤ 인적사항 누락 및 작성 오류로 인한 불이익은 수험자 책임으로 합니다.

➤ 시험은 반드시 주어진 문제의 순서대로 진행하여야 합니다.

➤ 반드시 지시사항에 따라 기초기업자료를 확인하고, 해당 기초기업자료가 나타나지 않는 경우는 감독관에게 문의하시기 바랍니다.

➤ 기초기업자료를 선택하여 해당 문제를 풀이한 후 프로그램 종료 전 반드시 답안을 저장해야 합니다.

➤ 각종 코드는 문제에서 제시된 코드로 입력하여야 하며, 수험자가 임의로 부여한 코드는 오답으로 처리합니다. 단, 문제에 코드가 없는 경우에는 그러하지 아니합니다.

➤ 계정과목을 입력할 때는 반드시 [검색] 기능이나 [조회] 기능을 이용하여 계정과목을 등록하되 다음의 자산은 변경 후 계정과목(평가손익, 처분손익)을 적용합니다.

변경 전	변경 후
계정과목	계정과목
단기매매금융자산	당기손익-공정가치측정금융자산
매도가능금융자산	기타포괄손익-공정가치측정금융자산
만기보유금융자산	상각후원가측정금융자산

➤ 답안파일명은 자동으로 부여되므로 별도 답안파일을 작성할 필요가 없습니다. 또한, 답안 저장 및 제출 시간은 별도로 주어지지 아니하므로 제한 시간 내에 답안 저장 및 제출을 완료해야 합니다.

합격마법사 | 전산회계운용사 실기 **최신기출문제**

문제 01 회계원리

▶ 지시사항

다음의 1번, 2번, 3번, 4번 문항은 CAMP sERP 프로그램을 '교육용로그인' 할 때 불러오기를 클릭하고 [멘토르스쿨 (2023) → [제4장 최신기출문제] → [제1회 최신기출문제]_나우앤컴(주).zip(회계연도는 2023.1.1 ~ 12.31이다.)를 불러 온 후 진행합니다. [사용자번호 : (12345678), 성명 : (김갑수)]

01 다음 제시되는 기준정보를 입력하시오.   16점/각4점

1 다음의 신규 거래처를 등록하시오.   각2점

거래처(명)	거래처분류(구분)	거래처코드	대표자(명)	사업자등록번호	업태/종목
(주)성남정보유통	매입처(일반)	00204	조상범	110-81-55795	도소매/컴퓨터
(주)수원정보유통	매출처(일반)	00104	윤미라	409-81-14753	도소매/컴퓨터

2 다음 유형자산을 등록하시오.

계정과목(과목명)	자산(코드)	자산(명)	취득수량	취득일	취득금액	내용연수	상각방법
비품	302	공기청정기	1개	2023.12.4.	₩1,400,000	5년	정액법

3 다음의 신규 상품(품목)을 등록하시오.

품목코드	품목(품명)	(상세)규격	품목종류(자산)	기본단위(단위명)
1007	CD/DVD RW	RW-32X	상품	EA

4 다음의 신규 부서를 등록하시오.   각2점

(부서)코드	부서명	제조/판관	비고
13	무역팀	판관	
14	고객지원팀	판관	

02 다음 거래를 입력하시오. 단, 채권, 채무 및 금융 거래는 거래처를 입력한다. 36점/각4점

1 12월 4일   대한전자유통(주)로부터 기준정보에서 등록한 공기청정기를 ₩1,400,000에 구입하고, 대금은 국민은행발행 자기앞수표로 지급하다.

2 12월 6일   영업직원의 업무능력 향상을 위해 외부전문가를 초빙하여 교육을 실시하고, 강사료 ₩1,000,000 중 원천징수 분 ₩88,000을 차감한 금액은 현금으로 지급하다.

3 12월 8일   우리은행의 유동성장기부채 ₩50,000,000과 그에 대한 이자 ₩250,000을 보통예금(신한은행) 계좌에서 지급하다.

4 12월 10일   대한적십자사에 연말 불우이웃돕기 성금 ₩850,000을 현금으로 납부하다.

5 12월 11일   (주)광주정보유통과 상품의 판매계약을 체결하고, 계약금 ₩5,000,000은 보통예금(신한은행) 계좌로 입금 받다.

6 12월 13일   상품을 매입하고 전자세금계산서를 발급받다.

전자세금계산서				(공급받는자 보관용)		승인번호		20231213-XXXX0151	
공급자	등록번호	305-81-67899			공급받는자	등록번호	104-81-10231		
	상호	(주)대전정보유통	성명(대표자)	이종욱		상호	나우앤컴(주)	성명(대표자)	정선달
	사업장주소	대전광역시 중구 대전천서로 101				사업장주소	서울특별시 중구 퇴계로 20길 35		
	업태	도매 및 상품중개업	종사업장번호			업태	도매 및 상품중개업	종사업장번호	
	종목	컴퓨터 및 주변기기				종목	컴퓨터 및 주변장치		
	E-Mail	ae345@kcci.com				E-Mail	abcd@kcci.com		

작성일자	2023.12.13	공급가액	21,000,000	세 액	2,100,000
비고					

월	일	품목명	규격	수량	단가	공급가액	세액	비고
12	13	Inkjet Printer	20ppm	40	150,000	6,000,000	600,000	
12	13	Photo Printer	16ppm	50	300,000	15,000,000	1,500,000	

합계금액	현금	수표	어음	외상미수금	이 금액을	○ 영수 ● 청구	함
23,100,000				23,100,000			

7 12월 17일   상품을 매출하고 전자세금계산서를 발급하다. 대금은 동점 발행의 약속어음(어음번호: 사아70213878, 만기일: 2024년 3월 17일, 지급은행: 신한은행)으로 받다.

전자세금계산서			(공급자 보관용)			승인번호		20231217-XXXX0253	

공급자	등록번호	104-81-10231			공급받는자	등록번호	408-81-34566		
	상호	나우앤컴(주)	성명(대표자)	정선달		상호	(주)광주정보유통	성명(대표자)	지의준
	사업장주소	서울특별시 중구 퇴계로 20길 35				사업장주소	광주광역시 동구 무등로 295		
	업태	도매 및 상품중개업	종사업장번호			업태	도매 및 상품중개업	종사업장번호	
	종목	컴퓨터 및 주변장치				종목	컴퓨터 및 주변기기		
	E-Mail	abcd@kcci.com				E-Mail	grw21@kcci.com		

작성일자	2023.12.17	공급가액	20,000,000	세 액	2,000,000
비고					

월	일	품목명	규격	수량	단가	공급가액	세액	비고
12	17	Inkjet Printer	20ppm	40	500,000	20,000,000	2,000,000	

합계금액	현금	수표	어음	외상미수금	이 금액을	◉ 영수 ○ 청구	함
22,000,000			22,000,000				

8 12월 20일 장기 투자 목적으로 대한전자유통(주) 주식 1,200주(액면금액 @₩5,000)를 1주당 ₩15,000에 구입하고, 주식대금은 보통예금(신한은행) 계좌에서 이체하다.

9 12월 26일 매출처 (주)부산정보유통 발행 당점 수취 약속어음(어음번호: 바사92657166, 만기일: 2023년 12월 26일, 지급은행: 부산은행) ₩19,250,000이 만기가 되어 당좌예금(국민은행) 계좌로 입금 받다.

03 다음 기말(12월 31일) 결산 정리 사항을 회계 처리하고 마감하시오.　　　　　20점/각4점

　　1 장기차입금에 대한 당기 분 이자 미지급액 ₩1,600,000을 계상하다.

　　2 단기 투자 목적으로 보유중인 주식 전부를 ₩12,000,000으로 평가하다.

　　3 모든 비유동자산에 대하여 감가상각비를 계상하다.

　　4 매출채권 잔액에 대하여 1%의 대손충당금(보충법)을 설정하다.

　　5 기말상품재고액을 입력하고 결산 처리하다. 단, 재고평가는 선입선출법으로 한다.

04 다음 사항을 조회하여 번호 순서대로 단답형 답안에 등록하시오.　　　　　28점/각4점

> ※ CAMP sERP는 [단답형답안작성]메뉴에서 답안을 등록 후 [저장]버튼을 클릭합니다.
> 　SPlus는 [단답형답안]메뉴에서 답안을 등록 후 [답안저장]버튼을 클릭합니다.
> ※ 문자 외의 숫자는 ₩, 원, 월, 단위구분자(,) 등을 생략하고 숫자만 입력하되 소수점이 포함되어 있는 숫자의 경우에는
> 　소수점을 입력합니다.
> 　(예시) 54200(○), 54.251(○), ₩54,200(×), 54,200원(×), 5월(×), 500개(×), 50건(×)

　　1 1월 1일부터 6월 30일까지 (주)대구정보유통으로부터 구매한 3D Printer의 공급가액은 얼마인가?

　　2 1월 1일부터 6월 30일까지 (주)광주정보유통에 판매한 Photo Printer의 수량은 얼마인가?

　　3 4월 1일부터 6월 30일까지 보통예금에 예입된 금액은 얼마인가?

　　4 7월부터 10월까지 판매비와관리비의 현금 지출이 가장 많은 달은 몇 월인가?

　　5 11월 30일 현재 외상매입금 잔액은 얼마인가?

　　6 1월 1일부터 12월 31일까지 한국채택국제회계기준(K-IFRS)에 의한 포괄손익계산서(기능별)에 표시되는 금융 원가는 얼마인가?

　　7 12월 31일 현재 한국채택국제회계기준(K-IFRS)에 의한 재무상태표에 표시되는 유동자산은 얼마인가?

▶ 답안저장하기 : 오른쪽 상단의 [종료 또는 로그아웃]버튼 클릭 → 답안파일 제출

국가기술자격검정

제2회 전산회계운용사 실기 최신기출문제

※ 무 단 전 재 금 함	프로그램	제한시간	수험번호	성 명
	CAMP sERP	60분		

3급	A형

답안 작성시 유의사항

➤ 인적사항 누락 및 작성 오류로 인한 불이익은 수험자 책임으로 합니다.

➤ 시험은 반드시 주어진 문제의 순서대로 진행하여야 합니다.

➤ 반드시 지시사항에 따라 기초기업자료를 확인하고, 해당 기초기업자료가 나타나지 않는 경우는 감독관에게 문의하시기 바랍니다.

➤ 기초기업자료를 선택하여 해당 문제를 풀이한 후 프로그램 종료 전 반드시 답안을 저장해야 합니다.

➤ 각종 코드는 문제에서 제시된 코드로 입력하여야 하며, 수험자가 임의로 부여한 코드는 오답으로 처리합니다. 단, 문제에 코드가 없는 경우에는 그러하지 아니합니다.

➤ 계정과목을 입력할 때는 반드시 [검색] 기능이나 [조회] 기능을 이용하여 계정과목을 등록하되 다음의 자산은 변경 후 계정과목(평가손익, 처분손익)을 적용합니다.

변경 전	변경 후
계정과목	계정과목
단기매매금융자산	당기손익-공정가치측정금융자산
매도가능금융자산	기타포괄손익-공정가치측정금융자산
만기보유금융자산	상각후원가측정금융자산

➤ 답안파일명은 자동으로 부여되므로 별도 답안파일을 작성할 필요가 없습니다. 또한, 답안 저장 및 제출 시간은 별도로 주어지지 아니하므로 제한 시간 내에 답안 저장 및 제출을 완료해야 합니다.

합격마법사 | 전산회계운용사 실기 **최신기출문제**

문제 01 회계원리

▶ 지시사항

다음의 1번, 2번, 3번, 4번 문항은 CAMP sERP 프로그램을 '교육용로그인'할 때 불러오기를 클릭하고 [멘토르스쿨(2023) → [제4장 최신기출문제] → [제2회 최신기출문제]_서울화장품(주).zip(회계연도는 2023.1.1 ~ 12.31이다.)를 불러온 후 진행합니다. [사용자번호 : (12345678), 성명 : (김갑수)]

---

01 다음 제시되는 기준정보를 입력하시오. 16점/각4점

1 다음의 신규 거래처를 등록하시오. 각2점

거래처(명)	거래처분류(구분)	거래처코드	대표자(명)	사업자등록번호	업태/종목
(주)미백화장품	매입처(일반)	02004	김미백	220-81-28765	제조/화장품
조은화장품(주)	매출처(일반)	03004	정조은	107-81-34566	도소매/화장품

2 다음의 정기예금을 등록하시오.

거래처명 (금융기관명)	거래처 코드	금융기관 (계좌개설점)	예금종류	계좌번호	계약기간 (가입일~만기일)	이자율
우리은행 (정기예금)	98004	우리은행	정기예금	505-02-34567	2023.12.13.~2024.12.12.	3%

3 다음의 신규 부서를 등록하시오. 각2점

(부서)코드	부서명	제조/판관	비고
50	마케팅부	판관	
60	연구활동부	판관	

4 다음의 신규 상품(품목)을 등록하시오

품목코드	품목(품명)	(상세)규격	품목종류(자산)	기본단위(단위명)
1004	BB크림	3호	상품	EA

02 다음 거래를 입력하시오.

(단, 채권·채무 및 금융 거래는 거래처 코드를 입력하고 각 문항별 한 개의 전표번호로 입력한다.)

1 12월 3일   단기 시세 차익을 목적으로 (주)상공 발행 주식 400주(액면금액 @₩5,000, 취득금액 @₩25,000)를 취득하고, 대금은 현금으로 지급하다.

2 12월 4일   상록화장품(주)에 대여한 단기대여금에 대한 이자 ₩150,000이 보통예금(국민은행) 계좌에 입금되었음을 확인하다.

3 12월 8일   용산전자(주)로부터 업무용 에어컨을 구입하고 대금은 보통예금(국민은행)계좌에서 이체하여 지급하다. 단, 유형자산을 등록하시오.

계정과목(과목명)	자산(코드)	자산(명)	취득수량	취득금액	내용연수	상각방법
비품	7005	에어컨	1대	₩2,000,000	5년	정액법

4 12월 11일   상품을 매입하고 전자세금계산서를 발급받다.

전자세금계산서(공급받는자 보관용)					승인번호		20231211-XXXX0011	
공급자	등록번호	101-81-10343			공급받는자	등록번호	104-81-23454	
	상호	(주)드림화장품	성명(대표자)	신드림		상호	서울화장품(주)	성명(대표자) 이코참
	사업장주소	서울특별시 중구 세종대로 141				사업장주소	서울특별시 중구 남대문로 52-13	
	업태	제조, 도매	종사업장번호			업태	도매 및 상품중개업	종사업장번호
	종목	화장품				종목	화장품	
	E-Mail	efgf@sanggong.com				E-Mail	abce@kcci.com	
작성일자	2023.12.11.		공급가액	7,500,000		세액	750,000	
비고								

월	일	품목명	규격	수량	단가	공급가액	세액	비고
12	11	보습젤	100호	250	30,000	7,500,000	750,000	

합계금액	현금	수표	어음	외상미수금	이 금액을	○ 영수	함
8,250,000	4,000,000			4,250,000		● 청구	

5 12월 13일   기준정보에서 등록한 1년 만기 정기예금(우리은행) 계좌에 현금 ₩10,000,000을 예입하다.

6 12월 22일   상품을 매출하고 전자세금계산서를 발급하다. 대금 중 ₩10,000,000은 한라화장품(주) 발행 약속어음(어음번호: 다라20001245, 만기일: 2024년 2월 22일, 지급은행: 신한은행)으로 받고, 잔액은 외상으로 하다.

전자세금계산서(공급자 보관용)							승인번호		20231222-XXXX0125	

공급자	등록번호	104-81-23454			공급받는자	등록번호	230-81-12348		
	상호	서울화장품(주)	성명(대표자)	이코참		상호	한라화장품(주)	성명(대표자)	진한라
	사업장주소	서울특별시 중구 남대문로 52-13				사업장주소	서울특별시 송파구 도곡로 434		
	업태	도매 및 상품중개업	종사업장번호			업태	도소매	종사업장번호	
	종목	화장품				종목	화장품		
	E-Mail	abce@kcci.com				E-Mail	qwas@sanggong.com		

작성일자	2023.12.22.	공급가액	20,600,000	세 액	2,060,000
비고					

월	일	품목명	규격	수량	단가	공급가액	세액	비고
12	22	로션	1호	110	100,000	11,000,000	1,100,000	
12	22	향수	2호	120	80,000	9,600,000	960,000	

합계금액	현금	수표	어음	외상미수금	이 금액을	○ 영수 함 ● 청구
22,660,000			10,000,000	12,660,000		

7 12월 23일 매입처 (주)강남화장품의 외상매입금 ₩5,000,000에 대하여 약속어음(어음번호: 나다 33334401, 만기일: 2024년 3월 20일, 지급은행: 신한은행)을 발행하여 지급하다.

8 12월 24일 종업원 급여를 다음과 같이 보통예금(국민은행)계좌에서 이체하여 지급하다.

급여 총액	공제 내역				실지급액
	소득세	건강보험료	국민연금	계	
₩5,500,000	₩50,000	₩180,000	₩220,000	₩450,000	₩5,050,000

9 12월 28일 업무용 트럭과 관련하여 다음에 해당하는 비용을 현금으로 지급하다.
차량 유류대금 ₩200,000   자동차세 ₩250,000

03 다음 기말(12월 31일) 결산 정리 사항을 회계 처리하고 마감하시오.   20점/각4점

    1 임대료 선수분 ₩400,000을 계상하다.

    2 결산일 현재 현금의 실제잔액이 장부잔액을 ₩53,000 초과하나 그 원인은 알 수 없다.

    3 모든 비유동자산에 대하여 감가상각비를 계상하다.

    4 매출채권 잔액에 대하여 1%의 대손충당금(보충법)을 설정하다.

    5 기말상품재고액을 입력하고 결산 처리하다. 단, 재고평가는 선입선출법으로 한다.

04 다음 사항을 조회하여 번호 순서대로 단답형 답안에 등록하시오.   28점/각4점

    ※ CAMP sERP는 [단답형답안작성]메뉴에서 답안을 등록 후 [저장]버튼을 클릭합니다.
      New sPLUS는 [답안수록]메뉴에서 답안을 등록 후 [답안저장]버튼을 클릭합니다.
    ※ 문자 외의 숫자는 ₩, 원, 월, 단위구분자(,) 등을 생략하고 숫자만 입력하되 소수점이 포함되어 있는 숫자의 경우에는
      소수점을 입력합니다.
      (예시) 54200(○), 54.251(○), ₩54,200(×), 54,200원(×), 5월(×), 500개(×), 50건(×)

    1 1월 1일부터 3월 31일까지 현금의 출금총액은 얼마인가?

    2 3월 1일부터 5월 31일까지 향수의 입고수량은 몇 개인가?

    3 6월 30일 현재 매출처 한라화장품(주)의 외상매출금 잔액은 얼마인가?

    4 7월 1일부터 9월 30일까지 복리후생비의 발생총액은 얼마인가?

    5 10월 31일 현재 받을어음 잔액은 얼마인가?

    6 12월 31일 현재 한국채택국제회계기준(K–IFRS)에 의한 재무상태표에 표시되는 유동자산은 얼마인가?

    7 1월 1일부터 12월 31일까지 한국채택국제회계기준(K–IFRS)에 의한 포괄손익계산서(기능별)에 표시되는 기타수익은 얼마인가?

▶ 답안저장하기 : 오른쪽 상단의 [종료 또는 로그아웃]버튼 클릭 → 답안파일 제출

제3회 전산회계운용사 실기 최신기출문제

※ 무 단 전 재 금 함	프로그램	제한시간	수험번호	성 명
	CAMP sERP	60분		

3급	A형

답안 작성시 유의사항

➤ 인적사항 누락 및 작성 오류로 인한 불이익은 수험자 책임으로 합니다.

➤ 시험은 반드시 주어진 문제의 순서대로 진행하여야 합니다.

➤ 반드시 지시사항에 따라 기초기업자료를 확인하고, 해당 기초기업자료가 나타나지 않는 경우는 감독관에게 문의하시기 바랍니다.

➤ 기초기업자료를 선택하여 해당 문제를 풀이한 후 프로그램 종료 전 반드시 답안을 저장해야 합니다.

➤ 각종 코드는 문제에서 제시된 코드로 입력하여야 하며, 수험자가 임의로 부여한 코드는 오답으로 처리합니다. 단, 문제에 코드가 없는 경우에는 그러하지 아니합니다.

➤ 계정과목을 입력할 때는 반드시 [검색] 기능이나 [조회] 기능을 이용하여 계정과목을 등록하되 다음의 자산은 변경 후 계정과목(평가손익, 처분손익)을 적용합니다.

변경 전	변경 후
계정과목	계정과목
단기매매금융자산	당기손익–공정가치측정금융자산
매도가능금융자산	기타포괄손익–공정가치측정금융자산
만기보유금융자산	상각후원가측정금융자산

➤ 답안파일명은 자동으로 부여되므로 별도 답안파일을 작성할 필요가 없습니다. 또한, 답안 저장 및 제출 시간은 별도로 주어지지 아니하므로 제한 시간 내에 답안 저장 및 제출을 완료해야 합니다.

대한상공회의소

합격마법사 | 전산회계운용사 실기 **최신기출문제**

문제 01 회계원리

▶ 지시사항

다음의 1번, 2번, 3번, 4번 문항은 CAMP sERP 프로그램을 '교육용로그인'할 때 불러오기를 클릭하고 [멘토르스쿨(2023) → [제4장 최신기출문제] → [제3회 최신기출문제]_한국화장품(주).zip(회계연도는 2023.1.1 ~ 12.31이다.)를 불러온 후 진행합니다. [사용자번호 : (12345678), 성명 : (김갑수)]

01 다음 제시되는 기준정보를 입력하시오.   16점/각4점

1 다음의 신규 거래처를 등록하시오.   각2점

거래처(명)	거래처분류(구분)	거래처코드	대표자(명)	사업자등록번호	업태/종목
(주)창조화장품	매입처(일반)	02004	정창조	129-81-54320	제조/화장품
그린화장품(주)	매출처(일반)	03004	김그린	314-81-44885	도소매/화장품

2 다음의 보통예금을 등록하시오.

거래처명(금융기관명)	거래처코드	금융기관(계좌개설점)	계좌번호	예금종류
농협(보통)	98004	농협	111-02-56789-1	보통예금

3 다음의 신규 부서를 등록하시오.   각2점

(부서)코드	부서명	제조/판관	비고
50	인사관리부	판관	
60	고객상담부	판관	

4 다음의 신규 상품(품목)을 등록하시오.

품목코드	품목(품명)	(상세)규격	품목종류(자산)	기본단위(단위명)
1004	미백크림	3호	상품	EA

다음 거래를 입력하시오. 단, 채권, 채무 및 금융 거래는 거래처를 입력한다. 36점/각4점

1 12월 3일   상록화장품(주)에 대한 외상매출금 중 ₩3,000,000이 당좌예금(신한은행)계좌에 입금되었음을 확인하다.

2 12월 4일   단기 시세 차익을 목적으로 취득한 (주)대한 발행 주식(액면금액 @₩5,000, 취득금액 @₩10,000) 중 300주를 1주당 ₩20,000에 처분하고, 거래수수료 등 ₩15,000을 차감한 금액은 보통예금(국민은행)계좌로 입금 받다.

3 12월 5일   용산전자(주)에서 온풍기를 구입하고 대금은 보통예금(국민은행)계좌에서 이체하다. 단, 유형 자산을 등록하시오.

계정과목(과목명)	자산(코드)	자산(명)	취득수량	취득금액	내용연수	상각방법
비품	7005	온풍기	1대	₩3,000,000	5년	정액법

4 12월 11일   상품을 매입하고 전자세금계산서를 발급받다.

전자세금계산서(공급받는자 보관용)				승인번호	20231211-XXXX0011

공급자	등록번호	101-81-10343			공급받는자	등록번호	104-81-23454		
	상호	(주)드림화장품	성명(대표자)	신드림		상호	한국화장품(주)	성명(대표자)	이케어
	사업장주소	서울특별시 중구 세종대로 141				사업장주소	서울특별시 중구 남대문로 52-13		
	업태	제조, 도매	종사업장번호			업태	도매 및 상품중개업	종사업장번호	
	종목	화장품				종목	화장품		
	E-Mail	efgf@sanggong.com				E-Mail	abce@kcci.com		

작성일자	2023.12.11.	공급가액	24,500,000	세 액	2,450,000
비고					

월	일	품목명	규격	수량	단가	공급가액	세액	비고
12	11	로션	1호	250	50,000	12,500,000	1,250,000	
12	11	향수	2호	300	40,000	12,000,000	1,200,000	

합계금액	현금	수표	어음	외상미수금	이 금액을	○ 영수	함
26,950,000				26,950,000		● 청구	

5 12월 15일　상품을 매출하고 전자세금계산서를 발급하다.

전자세금계산서(공급자 보관용)					승인번호		20231215-XXXX0125	

공급자	등록번호	104-81-23454			공급받는자	등록번호	230-81-12348	
	상호	한국화장품(주)	성명(대표자)	이케어		상호	한라화장품(주)	성명(대표자) 진한라
	사업장주소	서울특별시 중구 남대문로 52-13				사업장주소	서울특별시 송파구 도곡로 434	
	업태	도매 및 상품중개업	종사업장번호			업태	도소매	종사업장번호
	종목	화장품				종목	화장품	
	E-Mail	abce@kcci.com				E-Mail	qwas@sanggong.com	

작성일자	2023.12.15.	공급가액	28,000,000	세 액	2,800,000
비고					

월	일	품목명	규격	수량	단가	공급가액	세액	비고
12	15	로션	1호	220	100,000	22,000,000	2,200,000	
12	15	보습젤	100호	100	60,000	6,000,000	600,000	

합계금액	현금	수표	어음	외상미수금	이 금액을	○ 영수 / ◉ 청구	함
30,800,000	10,000,000			20,800,000			

6 12월 17일　매입처 (주)알파화장품에 발행한 약속어음(어음번호: 다라30002341, 만기일: 2023년 12월 17일, 지급은행: 신한은행) ₩20,000,000이 금일 만기가 되어 당좌예금(신한은행) 계좌에서 결제되다.

7 12월 21일　본사 이전용 토지를 ₩20,000,000에 취득하고, 대금은 취득세 등 제비용 ₩500,000과 함께 보통예금(국민은행)계좌에서 인출하여 지급하다.

8 12월 24일　(주)드림화장품의 외상매입금 중 ₩1,000,000에 대하여 약속어음(어음번호: 나다 33334401, 만기일: 2024년 3월 20일, 지급은행: 신한은행)을 발행하여 지급하다.

9 12월 30일　다음의 경비를 현금으로 지급하다.
영업부 직원 회식비 ₩300,000　거래처 직원 결혼 축의금 ₩200,000

03 다음 기말(12월 31일) 결산 정리 사항을 회계 처리하고 마감하시오. 20점/각4점

1 결산일 현재 현금 실제잔액이 장부잔액보다 ₩60,000 부족하여 원인을 조사한 결과, 시내교통비로 지출하였음이 밝혀지다.

2 보험료 선급분 ₩240,000을 계상하다.

3 모든 비유동자산에 대하여 감가상각비를 계상하다.

4 매출채권 잔액에 대하여 1%의 대손충당금(보충법)을 설정하다.

5 기말상품재고액을 입력하고 결산 처리하다. 단, 재고평가는 선입선출법으로 한다.

04 다음 사항을 조회하여 번호 순서대로 단답형 답안에 등록하시오. 28점/각4점

> ※ CAMP sERP는 [단답형답안작성]메뉴에서 답안을 등록 후 [저장]버튼을 클릭합니다.
> New sPLUS는 [답안수록]메뉴에서 답안을 등록 후 [답안저장]버튼을 클릭합니다.
> ※ 문자 외의 숫자는 ₩, 원, 월, 단위구분자(,) 등을 생략하고 숫자만 입력하되 소수점이 포함되어 있는 숫자의 경우에는 소수점을 입력합니다.
> (예시) 54200(○), 54.251(○), ₩54,200(×), 54,200원(×), 5월(×), 500개(×), 50건(×)

1 1월 1일부터 3월 31일까지 당좌예금(신한은행)의 인출총액은 얼마인가?

2 2월 1일부터 6월 30일까지 외상매출금의 회수액은 얼마인가?

3 7월 31일 현재 보습젤의 재고수량은 몇 개인가?

4 9월 30일 현재 (주)알파화장품의 외상매입금 잔액은 얼마인가?

5 9월 1일부터 11월 30일까지 판매비와관리비 발생액이 가장 큰 월은 몇 월인가?

6 12월 31일 현재 한국채택국제회계기준(K-IFRS)에 의한 재무상태표에 표시되는 비유동자산은 얼마인가?

7 1월 1일부터 12월 31일까지 한국채택국제회계기준(K-IFRS)에 의한 포괄손익계산서(기능별)에 표시되는 기타비용은 얼마인가?

▶ 답안저장하기 : 오른쪽 상단의 [종료 또는 로그아웃]버튼 클릭 → 답안파일 제출

제4회 전산회계운용사 실기 최신기출문제

※ 무 단 전 재 금 함	프로그램	제한시간	수험번호	성 명
	CAMP sERP	60분		

3급	A형

답안 작성시 유의사항

➤ 인적사항 누락 및 작성 오류로 인한 불이익은 수험자 책임으로 합니다.

➤ 시험은 반드시 주어진 문제의 순서대로 진행하여야 합니다.

➤ 반드시 지시사항에 따라 기초기업자료를 확인하고, 해당 기초기업자료가 나타나지 않는 경우는 감독관에게 문의하시기 바랍니다.

➤ 기초기업자료를 선택하여 해당 문제를 풀이한 후 프로그램 종료 전 반드시 답안을 저장해야 합니다.

➤ 각종 코드는 문제에서 제시된 코드로 입력하여야 하며, 수험자가 임의로 부여한 코드는 오답으로 처리합니다. 단, 문제에 코드가 없는 경우에는 그러하지 아니합니다.

➤ 계정과목을 입력할 때는 반드시 [검색] 기능이나 [조회] 기능을 이용하여 계정과목을 등록하되 다음의 자산은 변경 후 계정과목(평가손익, 처분손익)을 적용합니다.

변경 전	변경 후
계정과목	계정과목
단기매매금융자산	당기손익–공정가치측정금융자산
매도가능금융자산	기타포괄손익–공정가치측정금융자산
만기보유금융자산	상각후원가측정금융자산

➤ 답안파일명은 자동으로 부여되므로 별도 답안파일을 작성할 필요가 없습니다. 또한, 답안 저장 및 제출 시간은 별도로 주어지지 아니하므로 제한 시간 내에 답안 저장 및 제출을 완료해야 합니다.

대한상공회의소

합격마법사 | 전산회계운용사 실기 **최신기출문제**

문제 01 회계원리

▶ **지시사항**

다음의 1번, 2번, 3번, 4번 문항은 CAMP sERP 프로그램을 '교육용로그인'할 때 불러오기를 클릭하고 [멘토르스쿨(2023) → [제4장 최신기출문제] → [제4회 최신기출문제]_자연뷰티(주).zip(회계연도는 2023.1.1 ~ 12.31이다.)를 불러온 후 진행합니다. [사용자번호 : (12345678), 성명 : (김갑수)]

---

01 다음 제시되는 기준정보를 입력하시오.   16점/각4점

1 다음의 신규 거래처를 등록하시오.   각2점

거래처(명)	거래처분류(구분)	거래처코드	대표자(명)	사업자등록번호	업태/종목
(주)목련화장품	매입처(일반)	02004	김목련	220-81-14510	제조/화장품
장미화장품(주)	매출처(일반)	03004	정장미	113-81-34668	도소매/화장품

2 다음의 신용카드를 등록하시오.

거래처명(카드(사)명)	거래처코드	신용카드(가맹점)번호	카드분류(구분)	결제계좌
신한카드	99600	1234-1234-1234-1234	매입카드(사업용)	(한국)씨티은행, 312-02-345678

3 다음의 신규 부서를 등록하시오.   각2점

(부서)코드	부서명	제조/판관	비고
50	인사관리부	판관	
60	고객상담부	판관	

4 다음의 신규 상품(품목)을 등록하시오.

품목코드	품목(품명)	(상세)규격	품목종류(자산)	기본단위(단위명)
1004	토너	3호	상품	EA

02 다음 거래를 입력하시오.   36점/각4점

(단, 채권·채무 및 금융 거래는 거래처 코드를 입력하고 각 문항별 한 개의 전표번호로 입력한다.)

1 12월 3일 1년 만기 정기적금(우리은행)에 가입하고, 월 불입액 ₩500,000을 현금으로 예입하다. 단, 금융거래처를 등록하시오.

거래처 (금융기관명)	거래처 코드	금융기관 (계좌개설점)	예금종류	계좌번호	계약기간(가입일~만기일)	이자율
우리은행 (정기적금)	98004	우리은행	정기적금	505-02-34567	2023.12.03.~2024.12.02.	3%

2 12월 6일 상품을 매입하고 전자세금계산서를 발급받다. 대금은 전액 약속어음(어음번호: 나다 33334401, 만기일: 2024년 3월 6일, 지급은행: 신한은행)을 발행하여 지급하다.

전자세금계산서(공급받는자 보관용)				승인번호		20231206-XXXX0011	
공급자	등록번호	101-81-10343			등록번호	104-81-23454	
	상호	(주)드림화장품	성명 (대표자)	신드림	상호	자연뷰티(주) 성명 (대표자)	이캡스
	사업장 주소	서울특별시 중구 세종대로 141			사업장 주소	서울특별시 중구 남대문로 52-13	
	업태	제조, 도매	종사업장번호		업태	도매 및 상품중개업 종사업장번호	
	종목	화장품			종목	화장품	
	E-Mail	efgf@sanggong.com			E-Mail	abce@kcci.com	

작성일자	2023.12.06.	공급가액	22,000,000	세 액	2,200,000
비고					

월	일	품목명	규격	수량	단가	공급가액	세액	비고
12	6	향수	2호	550	40,000	22,000,000	2,200,000	

합계금액	현금	수표	어음	외상미수금	이 금액을	● 영수 ○ 청구	함
24,200,000			24,200,000				

3 12월 10일 11월 23일 종업원 급여 지급 시 원천 징수한 소득세 ₩500,000을 현금으로 납부하다.

4 12월 15일 매출처 백두화장품(주)의 외상매출금 중 ₩10,000,000을 동사 발행의 약속어음(어음번호: 다라20005186, 만기일: 2024년 2월 15일, 지급은행: 하나은행)으로 받다.

5 12월 22일 상품을 매출하고 전자세금계산서를 발급하다.

전자세금계산서(공급자 보관용)								승인번호		20231222-XXXX0125	

공급자	등록번호	104-81-23454				공급받는자	등록번호	220-81-82565		
	상호	자연뷰티(주)	성명(대표자)	이캡스			상호	백두화장품(주)	성명(대표자)	정백두
	사업장 주소	서울특별시 중구 남대문로 52-13					사업장 주소	서울특별시 강남구 강남대로 238		
	업태	도매 및 상품중개업	종사업장번호				업태	도소매	종사업장번호	
	종목	화장품					종목	화장품		
	E-Mail	abce@kcci.com					E-Mail	qwas@sanggong.com		

작성일자	2023.12.22.	공급가액	30,000,000	세 액	3,000,000
비고					

월	일	품목명	규격	수량	단가	공급가액	세액	비고
12	22	로션	1호	100	100,000	10,000,000	1,000,000	
12	22	향수	2호	250	80,000	20,000,000	2,000,000	

합계금액	현금	수표	어음	외상미수금	이 금액을	○ 영수 / ● 청구	함
33,000,000	15,000,000			18,000,000			

6 12월 24일 (주)미래건설과 사무실 임차 계약(2023년 12월 24일 ~ 2024년 12월 23일)을 체결하고, 보증금 ₩5,000,000과 당월 분 월세 ₩200,000을 당좌예금(신한은행)계좌에서 이체하여 지급하다.
단, 월세는 비용으로 처리한다.

7 12월 27일 장기차입금(씨티은행)에 대한 이자 ₩600,000이 보통예금(국민은행)계좌에서 인출되었음을 확인하다.

8 12월 28일 업무용 차량 유류대 ₩100,000을 법인카드(신한카드)로 결제하다.

9 12월 30일 다음 경비를 현금으로 지급하다.
영업부 직원 회식비 ₩300,000   교통 위반 과태료 ₩70,000

03 다음 기말(12월 31일) 결산 정리 사항을 회계 처리하고 마감하시오. 20점/각4점

1️⃣ 결산일 현재 현금의 실제잔액이 장부잔액보다 ₩13,000 부족하나 그 원인은 알 수 없다.

2️⃣ 소모품 미사용액은 ₩200,000이다.

3️⃣ 모든 비유동자산에 대하여 감가상각비를 계상하다.

4️⃣ 매출채권 잔액에 대하여 1%의 대손충당금(보충법)을 설정하다.

5️⃣ 기말상품재고액을 입력하고 결산 처리하다. 단, 재고평가는 선입선출법으로 한다.

04 다음 사항을 조회하여 번호 순서대로 단답형 답안에 등록하시오. 28점/각4점

※ CAMP sERP는 [단답형답안작성]메뉴에서 답안을 등록 후 [저장]버튼을 클릭합니다.
　 New sPLUS는 [답안수록]메뉴에서 답안을 등록 후 [답안저장]버튼을 클릭합니다.
※ 문자 외의 숫자는 ₩, 원, 월, 단위구분자(,) 등을 생략하고 숫자만 입력하되 소수점이 포함되어 있는 숫자의 경우에는
　 소수점을 입력합니다.
　 (예시) 54200(○), 54.251(○), ₩54,200(×), 54,200원(×), 5월(×), 500개(×), 50건(×)

1️⃣ 1월 1일부터 3월 31일까지 보통예금의 인출총액은 얼마인가?

2️⃣ 2월 1일부터 5월 31일까지 로션의 입고수량은 몇 개인가?

3️⃣ 3월 1일부터 6월 30일까지 총매출액은 얼마인가?

4️⃣ 7월 1일부터 9월 30일까지 종업원급여의 발생액이 가장 큰 월은 몇 월인가?

5️⃣ 9월 30일 현재 (주)드림화장품의 외상매입금 잔액은 얼마인가?

6️⃣ 12월 31일 현재 한국채택국제회계기준(K-IFRS)에 의한 재무상태표에 표시되는 유동부채는 얼마인가?

7️⃣ 1월 1일부터 12월 31일까지 한국채택국제회계기준(K-IFRS)에 의한 포괄손익계산서(기능별)에 표시되는 매출총이익은 얼마인가?

▶ 답안저장하기 : 오른쪽 상단의 [종료 또는 로그아웃]버튼 클릭 → 답안파일 제출

제5회 전산회계운용사 실기 최신기출문제

※ 무 단 전 재 금 함	프로그램	제한시간	수험번호	성 명
	CAMP sERP	60분		

3급	A형

답안 작성시 유의사항

➤ 인적사항 누락 및 작성 오류로 인한 불이익은 수험자 책임으로 합니다.

➤ 시험은 반드시 주어진 문제의 순서대로 진행하여야 합니다.

➤ 반드시 지시사항에 따라 기초기업자료를 확인하고, 해당 기초기업자료가 나타나지 않는 경우는 감독관에게 문의하시기 바랍니다.

➤ 기초기업자료를 선택하여 해당 문제를 풀이한 후 프로그램 종료 전 반드시 답안을 저장해야 합니다.

➤ 각종 코드는 문제에서 제시된 코드로 입력하여야 하며, 수험자가 임의로 부여한 코드는 오답으로 처리합니다. 단, 문제에 코드가 없는 경우에는 그러하지 아니합니다.

➤ 계정과목을 입력할 때는 반드시 [검색] 기능이나 [조회] 기능을 이용하여 계정과목을 등록하되 다음의 자산은 변경 후 계정과목(평가손익, 처분손익)을 적용합니다.

변경 전	변경 후
계정과목	계정과목
단기매매금융자산	당기손익–공정가치측정금융자산
매도가능금융자산	기타포괄손익–공정가치측정금융자산
만기보유금융자산	상각후원가측정금융자산

➤ 답안파일명은 자동으로 부여되므로 별도 답안파일을 작성할 필요가 없습니다. 또한, 답안 저장 및 제출 시간은 별도로 주어지지 아니하므로 제한 시간 내에 답안 저장 및 제출을 완료해야 합니다.

대한상공회의소

합격마법사 | 전산회계운용사 실기 **최신기출문제**

문제 01 회계원리

▶ 지시사항

다음의 1번, 2번, 3번, 4번 문항은 CAMP sERP 프로그램을 '교육용로그인'할 때 불러오기를 클릭하고 [멘토르스쿨(2023) → [제4장 최신기출문제] → [제5회 최신기출문제]_화이트뷰티(주).zip(회계연도는 2023.1.1 ~ 12.31이다.)를 불러온 후 진행합니다. [사용자번호 : (12345678), 성명 : (김갑수)]

---

01 다음 제시되는 기준정보를 입력하시오.

16점/각4점

① 다음의 신규 거래처를 등록하시오.

각2점

거래처(명)	거래처분류(구분)	거래처코드	대표자(명)	사업자등록번호	업태/종목
(주)초록화장품	매입처(일반)	02004	김초록	212-81-59777	제조/화장품
노랑화장품(주)	매출처(일반)	03004	정노랑	121-81-88239	도소매/화장품

② 다음의 신규 부서를 등록하시오.

각2점

(부서)코드	부서명	제조/판관	비고
50	마케팅부	판관	
60	인사관리부	판관	

③ 다음의 신규 상품(품목)을 등록하시오.

품목코드	품목(품명)	(상세)규격	품목종류(자산)	기본단위(단위명)
1004	헤어젤	3호	상품	EA

④ 다음의 유형자산을 등록하시오.

계정과목(과목명)	자산(코드)	자산(명)	취득수량	취득일	취득금액	내용연수	상각방법
비품	7005	사무용가구	1대	2023.12.20.	₩1,500,000	5년	정액법

02 다음 거래를 입력하시오. 단, 채권, 채무 및 금융 거래는 거래처를 입력한다. 36점/각4점

1 12월 5일. (주)알파화장품과 사무실 임차 계약(2023년 12월 5일 ~ 2025년 12월 4일)을 체결하고, 보증금 ₩6,000,000을 당좌예금(신한은행)계좌에서 이체하여 지급하다.

2 12월 8일 (주)드림화장품의 외상매입금 중 ₩3,000,000에 대하여 약속어음(어음번호: 나다33334401, 만기일: 2024년 3월 6일, 지급은행: 신한은행)을 발행하여 지급하다.

3 12월 11일 단기 시세 차익을 목적으로 (주)상공 발행 주식 500주(액면금액 @₩5,000, 취득금액 @ ₩20,000)를 취득하고 대금은 수수료 ₩30,000과 함께 현금으로 지급하다.

4 12월 13일 상품을 매입하고 전자세금계산서를 발급받다.

전자세금계산서(공급받는자 보관용)						승인번호		20231213-XXXX0011	
공급자	등록번호	220-86-10106			공급받는자	등록번호	104-81-23454		
	상호	(주)강남화장품	성명(대표자)	김강남		상호	화이트뷰티(주)	성명(대표자)	이츄잉
	사업장주소	서울특별시 강남구 테헤란로 105				사업장주소	서울특별시 중구 남대문로 52-13		
	업태	제조, 도매	종사업장번호			업태	도매 및 상품중개업	종사업장번호	
	종목	화장품				종목	화장품		
	E-Mail	efgf@sanggong.com				E-Mail	abce@kcci.com		
작성일자	2023.12.13.		공급가액	6,500,000		세 액	650,000		
비고									

월	일	품목명	규격	수량	단가	공급가액	세액	비고
12	13	로션	1호	130	50,000	6,500,000	650,000	

합계금액	현금	수표	어음	외상미수금	이 금액을	○ 영수	함
7,150,000				7,150,000		● 청구	

5 12월 15일 상품을 매출하고 전자세금계산서를 발급하다.

전자세금계산서(공급자 보관용)				승인번호	20231215-XXXX0125		

공급자	등록번호	104-81-23454			공급받는자	등록번호	109-81-12345	
	상호	화이트뷰티(주)	성명(대표자)	이츄잉		상호	상록화장품(주)	성명(대표자)	김상록
	사업장주소	서울특별시 중구 남대문로 52-13				사업장주소	서울특별시 강서구 가로공원로 174	
	업태	도매 및 상품중개업	종사업장번호			업태	도소매	종사업장번호
	종목	화장품				종목	화장품	
	E-Mail	abce@kcci.com				E-Mail	qwas@sanggong.com	

작성일자	2023.12.15.	공급가액	22,200,000	세 액	2,220,000
비고					

월	일	품목명	규격	수량	단가	공급가액	세액	비고
12	15	로션	1호	120	110,000	13,200,000	1,320,000	
12	15	향수	2호	100	90,000	9,000,000	900,000	

합계금액	현금	수표	어음	외상미수금	이 금액을	○ 영수 함
24,420,000	14,000,000			10,420,000		● 청구

6 12월 17일 종업원의 복지 증진을 위하여 용산전자(주)로부터 만보기 100개를 ₩500,000에 구입하고, 대금은 법인 신용카드(국민카드)로 결제하다. 단, 비용으로 처리하고, 카드등록을 하시오.

거래처명(카드(사)명)	거래처코드	신용카드(가맹점)번호	카드분류(구분)	결제계좌
국민카드	99600	1234-1234-1234-1234	매입카드(사업용)	(한국)씨티은행, 312-02-345678

7 12월 20일 기준정보에서 등록한 사무용가구를 용산전자(주)로부터 ₩1,500,000에 구입하고 대금은 보통예금(국민은행)계좌에서 이체하다.

8 12월 24일 단기 시세차익을 목적으로 취득한 (주)대한 발행 주식(액면금액 @₩5,000, 취득금액 @₩10,000) 중 200주를 1주당 ₩35,000에 처분하고, 대금은 당좌예금(신한은행)계좌로 입금 받다.

9 12월 30일 백두화장품(주)로부터 상품을 주문받고, 계약금 ₩1,000,000을 동사 발행 당좌수표로 받다.

03 다음 기말(12월 31일) 결산 정리 사항을 회계 처리하고 마감하시오. 20점/각4점

■ 결산일 현재 현금의 실제잔액이 장부잔액을 ₩25,000 초과하나 그 원인은 알 수 없다.

② 소모품 미사용액 ₩400,000을 계상하다.

③ 모든 비유동자산에 대하여 감가상각비를 계상하다.

④ 매출채권 잔액에 대하여 1%의 대손충당금(보충법)을 설정하다.

⑤ 기말상품재고액을 입력하고 결산 처리하다. 단, 재고평가는 선입선출법으로 한다.

04 다음 사항을 조회하여 번호 순서대로 단답형 답안에 등록하시오. 28점/각4점

※ CAMP sERP는 [단답형답안작성]메뉴에서 답안을 등록 후 [저장]버튼을 클릭합니다.
New sPLUS는 [답안수록]메뉴에서 답안을 등록 후 [답안저장]버튼을 클릭합니다.
※ 문자 외의 숫자는 ₩, 원, 월, 단위구분자(,) 등을 생략하고 숫자만 입력하되 소수점이 포함되어 있는 숫자의 경우에는
소수점을 입력합니다.
(예시) 54200(○), 54.251(○), ₩54,200(×), 54,200원(×), 5월(×), 500개(×), 50건(×)

① 1월 1일부터 6월 30일까지 백두화장품(주)의 외상매출금 회수액은 얼마인가?

② 2월 1일부터 4월 30일까지 당좌예금 인출총액은 얼마인가?

③ 3월 1일부터 4월 30일까지 현금 출금총액은 얼마인가?

④ 6월 1일부터 9월 30일까지 향수의 출고량은 몇 개인가?

⑤ 9월부터 11월 중 판매비와관리비 발생액이 가장 많은 월은 몇 월인가?

⑥ 12월 31일 현재 한국채택국제회계기준(K-IFRS)에 의한 재무상태표에 표시되는 유동부채는 얼마인가?

⑦ 1월 1일부터 12월 31일까지 한국채택국제회계기준(K-IFRS)에 의한 포괄손익계산서(기능별)에 표시되
는 매출원가는 얼마인가?

▶ 답안저장하기 : 오른쪽 상단의 [종료 또는 로그아웃]버튼 클릭 → 답안파일 제출

제6회 전산회계운용사 실기 최신기출문제

※ 무 단 전 재 금 함	프로그램	제한시간	수험번호	성 명
	CAMP sERP	60분		

3급	A형

답안 작성시 유의사항

➤ 인적사항 누락 및 작성 오류로 인한 불이익은 수험자 책임으로 합니다.

➤ 시험은 반드시 주어진 문제의 순서대로 진행하여야 합니다.

➤ 반드시 지시사항에 따라 기초기업자료를 확인하고, 해당 기초기업자료가 나타나지 않는 경우는 감독관에게 문의하시기 바랍니다.

➤ 기초기업자료를 선택하여 해당 문제를 풀이한 후 프로그램 종료 전 반드시 답안을 저장해야 합니다.

➤ 각종 코드는 문제에서 제시된 코드로 입력하여야 하며, 수험자가 임의로 부여한 코드는 오답으로 처리합니다. 단, 문제에 코드가 없는 경우에는 그러하지 아니합니다.

➤ 계정과목을 입력할 때는 반드시 [검색] 기능이나 [조회] 기능을 이용하여 계정과목을 등록하되 다음의 자산은 변경 후 계정과목(평가손익, 처분손익)을 적용합니다.

변경 전	변경 후
계정과목	계정과목
단기매매금융자산	당기손익-공정가치측정금융자산
매도가능금융자산	기타포괄손익-공정가치측정금융자산
만기보유금융자산	상각후원가측정금융자산

➤ 답안파일명은 자동으로 부여되므로 별도 답안파일을 작성할 필요가 없습니다. 또한, 답안 저장 및 제출 시간은 별도로 주어지지 아니하므로 제한 시간 내에 답안 저장 및 제출을 완료해야 합니다.

대한상공회의소

합격마법사 | 전산회계운용사 실기 **최신기출문제**

문제 01 회계원리

▶ 지시사항

다음의 1번, 2번, 3번, 4번 문항은 CAMP sERP 프로그램을 '교육용로그인'할 때 불러오기를 클릭하고 [멘토르스쿨(2023)] → [제4장 최신기출문제] → [제6회 최신기출문제]_제이인더스트리(주).zip(회계연도는 2023.1.1 ~ 12.31이다.)를 불러온 후 진행합니다. [사용자번호 : (12345678), 성명 : (김갑수)]

----

01 다음 제시되는 기준정보를 입력하시오. 16점/각4점

1 다음의 신규 거래처를 등록하시오. 각2점

거래처(명)	거래처분류(구분)	거래처코드	대표자(명)	사업자등록번호	업태/종목
명품가방(주)	매입처(일반)	02004	이명품	137-81-99783	제조/피혁제품
보세가방(주)	매출처(일반)	03004	김보세	211-81-36785	도소매업/가방

2 다음의 유형자산을 등록하시오.

계정과목(과목명)	자산(코드)	자산(명)	취득수량	취득일	취득금액	내용연수	상각방법
비품	8004	에어컨	1개	2023.12.03.	₩1,500,000	5년	정액법

3 다음의 신규 상품(품목)을 등록하시오.

품목코드	품목(품명)	(상세)규격	품목종류(자산)	기본단위(단위명)
5005	등산백	PP	상품	EA

4 다음의 신규 부서를 등록하시오. 각2점

(부서)코드	부서명	제조/판관	비고
14	인사관리부	판관	
15	판매마케팅부	판관	

02 다음 거래를 입력하시오.   36점/각4점

(단, 채권·채무 및 금융 거래는 거래처 코드를 입력하고 각 문항별 한 개의 전표번호로 입력한다.)

1 12월 3일 기준정보에서 등록한 에어컨을 대한전자(주)로부터 ₩1,500,000에 구입하고 대금은 외상으로 하다.

2 12월 4일 12월 4일 단기 시세 차익을 목적으로 코참패션(주) 발행 주식 300주(액면금액 @₩5,000)를 1주당 ₩12,000에 취득하고, 거래수수료 ₩7,000을 포함한 대금은 현금으로 지급하다.

3 12월 6일 상품을 매입하고 전자세금계산서를 발급받다.

전자세금계산서(공급받는자 보관용)					승인번호		20231206-XXXX0011		
공급자	등록번호	128-81-12346			공급받는자	등록번호	104-81-12049		
	상호	로즈가방(주)	성명(대표자)	김로즈		상호	제이인더스트리㈜	성명(대표자)	김백
	사업장주소	경기도 고양시 일산동구 중앙로 1000				사업장주소	서울특별시 구로구 개봉로 10		
	업태	제조	종사업장번호			업태	도매 및 상품중개업	종사업장번호	
	종목	피혁제품				종목	가방		
	E-Mail	efgf@sanggong.com				E-Mail	abce@kcci.com		
작성일자	2023.12.06.		공급가액	15,000,000		세액	1,500,000		
비고									

월	일	품목명	규격	수량	단가	공급가액	세액	비고
12	6	토트백	F	45	200,000	9,000,000	900,000	
12	6	보스턴백	F	20	300,000	6,000,000	600,000	

합계금액	현금	수표	어음	외상미수금	이 금액을	○ 영수	함
16,500,000				16,500,000		● 청구	

4 12월 10일 상품을 매출하고 전자세금계산서를 발급하다.

전자세금계산서(공급자 보관용)						승인번호		20231210-XXXX0125	

전자세금계산서(공급자 보관용) 승인번호 20231210-XXXX0125

공급자	등록번호	104-81-12049			공급받는자	등록번호	104-81-34567		
	상호	제이인더스트리㈜	성명(대표자)	김백		상호	파라곤백(주)	성명(대표자)	박라곤
	사업장주소	서울특별시 구로구 개봉로 10				사업장주소	서울특별시 중구 퇴계로 10		
	업태	도매 및 상품중개업	종사업장번호			업태	도소매업	종사업장번호	
	종목	가방				종목	가방		
	E-Mail	abce@kcci.com				E-Mail	qwas@sanggong.com		

작성일자	2023.12.10.	공급가액	52,500,000	세 액	5,250,000
비고					

월	일	품목명	규격	수량	단가	공급가액	세액	비고
12	10	악어백	F	35	1,500,000	52,500,000	5,250,000	

합계금액	현금	수표	어음	외상미수금	이 금액을	○ 영수 ● 청구	함
57,750,000	20,000,000			37,750,000			

5 12월 12일   11월 30일자의 현금과부족 계정 잔액 ₩50,000은 거래처 직원의 부친상 조의금을 낸 것으로 밝혀지다.

6 12월 17일   12월분 종업원 급여 ₩3,000,000 중 소득세 ₩200,000과 건강보험료 ₩100,000을 원천징수하고 잔액은 보통예금(기업은행) 계좌에서 이체하다.

7 12월 20일   매출처 파라곤백(주)로부터 받은 약속어음(어음번호: 가라22362002, 만기일: 2023년 12월 20일, 지급은행: 우리은행) ₩20,000,000이 금일 만기가 되어 당점의 당좌예금(국민은행) 계좌에 입금 받다.

8 12월 26일   영업사원의 유니폼 10벌(@₩100,000)을 구입하고 대금은 법인신용카드(비씨카드)로 결제하다.

9 12월 28일   파라곤백(주)의 단기대여금에 대한 이자 ₩40,000을 보통예금(기업은행) 계좌로 입금받다.

03 다음 기말(12월 31일) 결산 정리 사항을 회계 처리하고 마감하시오. 20점/각4점

　　1 소모품 사용액은 ₩850,000이다.

　　2 가수금 ₩1,000,000은 매출처 데이지백(주)의 상품 주문 계약금으로 밝혀지다.

　　3 매출채권 잔액에 대하여 1%의 대손충당금(보충법)을 설정하다.

　　4 모든 비유동자산에 대하여 감가상각비를 계상하다.

　　5 기말상품재고액을 입력하고 결산 처리하다. 단, 재고평가는 선입선출법으로 한다.

04 다음 사항을 조회하여 번호 순서대로 단답형 답안에 등록하시오. 28점/각4점

> ※ CAMP sERP는 [단답형답안작성]메뉴에서 답안을 등록 후 [저장]버튼을 클릭합니다.
> 　New sPLUS는 [답안수록]메뉴에서 답안을 등록 후 [답안저장]버튼을 클릭합니다.
> ※ 문자 외의 숫자는 ₩, 원, 월, 단위구분자(,) 등을 생략하고 숫자만 입력하되 소수점이 포함되어 있는 숫자의 경우에는
> 　소수점을 입력합니다.
> 　(예시) 54200(○), 54.251(○), ₩54,200(×), 54,200원(×), 5월(×), 500개(×), 50건(×)

　　1 1월 1일부터 5월 31일까지 외상매입금 지급액은 얼마인가?

　　2 4월 1일부터 6월 30일까지 발생한 판매비와관리비 총액은 얼마인가?

　　3 5월 31일 현재 토트백의 재고 수량은 몇 개인가?

　　4 9월 30일 현재 클로버백(주)의 외상매출금 잔액은 얼마인가?

　　5 11월 30일 현재 매입채무 잔액은 얼마인가?

　　6 1월 1일부터 12월 31일까지 한국채택국제회계기준(K-IFRS)에 의한 포괄손익계산서(기능별)에 표시되는 금융수익은 얼마인가?

　　7 12월 31일 현재 한국채택국제회계기준(K-IFRS)에 의한 재무상태표에 표시되는 현금및현금성자산의 금액은 얼마인가?

▶ 답안저장하기 : 오른쪽 상단의 [종료 또는 로그아웃]버튼 클릭 → 답안파일 제출

제7회 전산회계운용사 실기 최신기출문제

※ 무 단 전 재 금 함	프로그램	제한시간	수험번호	성 명
	CAMP sERP	60분		

3급	A형

답안 작성시 유의사항

➤ 인적사항 누락 및 작성 오류로 인한 불이익은 수험자 책임으로 합니다.

➤ 시험은 반드시 주어진 문제의 순서대로 진행하여야 합니다.

➤ 반드시 지시사항에 따라 기초기업자료를 확인하고, 해당 기초기업자료가 나타나지 않는 경우는 감독관에게 문의하시기 바랍니다.

➤ 기초기업자료를 선택하여 해당 문제를 풀이한 후 프로그램 종료 전 반드시 답안을 저장해야 합니다.

➤ 각종 코드는 문제에서 제시된 코드로 입력하여야 하며, 수험자가 임의로 부여한 코드는 오답으로 처리합니다. 단, 문제에 코드가 없는 경우에는 그러하지 아니합니다.

➤ 계정과목을 입력할 때는 반드시 [검색] 기능이나 [조회] 기능을 이용하여 계정과목을 등록하되 다음의 자산은 변경 후 계정과목(평가손익, 처분손익)을 적용합니다.

변경 전	변경 후
계정과목	계정과목
단기매매금융자산	당기손익-공정가치측정금융자산
매도가능금융자산	기타포괄손익-공정가치측정금융자산
만기보유금융자산	상각후원가측정금융자산

➤ 답안파일명은 자동으로 부여되므로 별도 답안파일을 작성할 필요가 없습니다. 또한, 답안 저장 및 제출 시간은 별도로 주어지지 아니하므로 제한 시간 내에 답안 저장 및 제출을 완료해야 합니다.

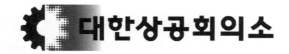

합격마법사 | 전산회계운용사 실기 **최신기출문제**

문제 01 회계원리

▶ 지시사항

다음의 1번, 2번, 3번, 4번 문항은 CAMP sERP 프로그램을 '교육용로그인'할 때 불러오기를 클릭하고 [멘토르스쿨(2023)] → [제4장 최신기출문제] → [제7회 최신기출문제]_미우레더(주).zip(회계연도는 2023.1.1 ~ 12.31이다.)를 불러온 후 진행합니다. [사용자번호 : (12345678), 성명 : (김갑수)]

---

01 다음 제시되는 기준정보를 입력하시오.   16점/각4점

☐ 다음의 신규 거래처를 등록하시오.   각2점

거래처(명)	거래처분류(구분)	거래처코드	대표자(명)	사업자등록번호	업태/종목
캥거루가방(주)	매입처(일반)	02004	김현일	137-81-99783	제조/피혁제품
악어가방(주)	매출처(일반)	03004	이수영	211-81-36785	도소매업/가방

☐ 다음의 유형자산을 등록하시오.

계정과목(과목명)	자산(코드)	자산(명)	취득수량	취득일	취득금액	내용연수	상각방법
차량운반구	8004	승합차	1대	2023.12.04	₩15,000,000	5년	정액법

☐ 다음의 신규 상품(품목)을 등록하시오.

품목코드	품목(품명)	(상세)규격	품목종류(자산)	기본단위(단위명)
5005	더블백	FF	상품	EA

☐ 다음의 신규 부서를 등록하시오.   각2점

(부서)코드	부서명	제조/판관	비고
14	고객관리부	판관	
15	구매관리부	판관	

다음 거래를 입력하시오. 단, 채권, 채무 및 금융 거래는 거래처를 입력한다. 36점/각4점

1 12월 3일　업무용 화물차의 타이어를 ₩200,000에 교체하고 대금은 자기앞수표로 지급하다.

2 12월 4일　기준정보에서 등록한 승합차를 싱싱자동차(주)로부터 ₩15,000,000에 구입하고 대금 중 ₩6,000,000은 현금으로 지급하고 잔액은 12개월 할부로 하다.

3 12월 5일　매입처 로즈가방(주)에 발행한 약속어음(어음번호: 가나54612302, 만기일: 2023년 12월 5일, 지급은행: 국민은행) ₩20,000,000이 금일 만기가 되어 당점의 당좌예금(국민은행) 계좌에서 결제되다.

4 12월 7일　상품을 매입하고 전자세금계산서를 발급받다.

전자세금계산서(공급받는자 보관용)						승인번호		20231207-XXXX0011	
공급자	등록번호	128-81-12346			공급받는자	등록번호	104-81-12049		
	상호	로즈가방(주)	성명(대표자)	김로즈		상호	미우레더(주)	성명(대표자)	김상공
	사업장주소	경기도 고양시 일산동구 중앙로 1000				사업장주소	서울특별시 구로구 개봉로 10		
	업태	제조	종사업장번호			업태	도매 및 상품중개업	종사업장번호	
	종목	피혁제품				종목	가방		
	E-Mail	efgf@sanggong.com				E-Mail	abce@kcci.com		
작성일자		2023.12.07.	공급가액		10,500,000	세 액		1,050,000	
	비고								
월	일	품목명	규격	수량	단가	공급가액	세액	비고	
12	7	보스턴백	F	35	300,000	10,500,000	1,050,000		
합계금액		현금	수표		어음	외상미수금	이 금액을	○ 영수	함
11,550,000		3,000,000				8,550,000		● 청구	

5 12월 10일　11월 급여 지급 시 원천징수한 소득세 등 ₩450,000과 회사 부담분 건강보험료 ₩150,000을 현금으로 납부하다.

6 12월 14일   상품을 매출하고 전자세금계산서를 발급하다.

전자세금계산서(공급자 보관용)						승인번호		20231214-XXXX0125	

공급자	등록번호	104-81-12049			공급받는자	등록번호	220-81-12356		
	상호	미우레더(주)	성명(대표자)	김상공		상호	클로버백(주)	성명(대표자)	이여행
	사업장주소	서울특별시 구로구 개봉로 10				사업장주소	서울특별시 강남구 역삼로 106		
	업태	도매 및 상품중개업	종사업장번호			업태	도소매업	종사업장번호	
	종목	가방				종목	가방		
	E-Mail	abce@kcci.com				E-Mail	qwas@sanggong.com		

작성일자	2023.12.14.	공급가액	38,500,000	세 액	3,850,000
비고					

월	일	품목명	규격	수량	단가	공급가액	세액	비고
12	14	토트백	F	45	500,000	22,500,000	2,250,000	
12	14	숄더백	F	40	400,000	16,000,000	1,600,000	

합계금액	현금	수표	어음	외상미수금	이 금액을	○ 영수	함
42,350,000				42,350,000		◉ 청구	

7 12월 21일   장기 투자 목적으로 (주)상공패션 주식 200주(액면금액 @₩6,000)를 1주당 ₩10,000에 구입하고 대금은 보통예금(기업은행) 계좌에서 이체하여 지급하다. (구입자산의 공정가치 변동은 기타포괄손익으로 표시한다.)

8 12월 24일   가수금 ₩1,000,000은 매출처 데이지백(주)의 외상매출금 회수액으로 밝혀지다.

9 12월 28일   직원 송년회 회식을 하고 식사대금 ₩500,000을 법인신용카드(비씨카드)로 결제하다.

03 다음 기말(12월 31일) 결산 정리 사항을 회계 처리하고 마감하시오. 20점/각4점

⊡ 정기예금(산업은행)에 대한 이자 미수분 ₩250,000을 계상하다.

⊡ 결산일 현재 현금과부족 잔액 ₩50,000은 원인 불명이다.

⊡ 매출채권 잔액에 대하여 1%의 대손충당금(보충법)을 설정하다.

⊡ 모든 비유동자산에 대하여 감가상각비를 계상하다.

⊡ 기말상품재고액을 입력하고 결산 처리하다. 단, 재고평가는 선입선출법으로 한다.

04 다음 사항을 조회하여 번호 순서대로 단답형 답안에 등록하시오. 28점/각4점

※ CAMP sERP는 [단답형답안작성]메뉴에서 답안을 등록 후 [저장]버튼을 클릭합니다.
New sPLUS는 [답안수록]메뉴에서 답안을 등록 후 [답안저장]버튼을 클릭합니다.
※ 문자 외의 숫자는 ₩, 원, 월, 단위구분자(,) 등을 생략하고 숫자만 입력하되 소수점이 포함되어 있는 숫자의 경우에는
소수점을 입력합니다.
(예시) 54200(○), 54.251(○), ₩54,200(×), 54,200원(×), 5월(×), 500개(×), 50건(×)

⊡ 1월 1일부터 3월 31일까지 외상매출금 발생액은 얼마인가?

⊡ 2월 28일 현재 보스턴백의 재고 수량은 몇 개인가?

⊡ 3월 1일부터 5월 31일까지의 상품매출 총액은 얼마인가?

⊡ 8월 31일 현재 피에르가방(주)의 외상매입금 잔액은 얼마인가?

⊡ 9월 30일 현재 당좌예금 잔액은 얼마인가?

⊡ 1월 1일부터 12월 31일까지 한국채택국제회계기준(K-IFRS)에 의한 포괄손익계산서(기능별)에 표시되는 기타수익은 얼마인가?

⊡ 12월 31일 현재 한국채택국제회계기준(K-IFRS)에 의한 재무상태표에 표시되는 유동자산의 금액은 얼마인가?

▶ 답안저장하기 : 오른쪽 상단의 [종료 또는 로그아웃]버튼 클릭 → 답안파일 제출

제8회 전산회계운용사 실기 최신기출문제

※ 무 단 전 재 금 함	프로그램	제한시간	수험번호	성 명
	CAMP sERP	60분		

3급	A형

답안 작성시 유의사항

➤ 인적사항 누락 및 작성 오류로 인한 불이익은 수험자 책임으로 합니다.

➤ 시험은 반드시 주어진 문제의 순서대로 진행하여야 합니다.

➤ 반드시 지시사항에 따라 기초기업자료를 확인하고, 해당 기초기업자료가 나타나지 않는 경우는 감독관에게 문의하시기 바랍니다.

➤ 기초기업자료를 선택하여 해당 문제를 풀이한 후 프로그램 종료 전 반드시 답안을 저장해야 합니다.

➤ 각종 코드는 문제에서 제시된 코드로 입력하여야 하며, 수험자가 임의로 부여한 코드는 오답으로 처리합니다. 단, 문제에 코드가 없는 경우에는 그러하지 아니합니다.

➤ 계정과목을 입력할 때는 반드시 [검색] 기능이나 [조회] 기능을 이용하여 계정과목을 등록하되 다음의 자산은 변경 후 계정과목(평가손익, 처분손익)을 적용합니다.

변경 전	변경 후
계정과목	계정과목
단기매매금융자산	당기손익-공정가치측정금융자산
매도가능금융자산	기타포괄손익-공정가치측정금융자산
만기보유금융자산	상각후원가측정금융자산

➤ 답안파일명은 자동으로 부여되므로 별도 답안파일을 작성할 필요가 없습니다. 또한, 답안 저장 및 제출 시간은 별도로 주어지지 아니하므로 제한 시간 내에 답안 저장 및 제출을 완료해야 합니다.

대한상공회의소

합격마법사 | 전산회계운용사 실기 **최신기출문제**

문제 01 회계원리

▸ 지시사항

다음의 1번, 2번, 3번, 4번 문항은 CAMP sERP 프로그램을 '교육용로그인'할 때 불러오기를 클릭하고 [멘토르스쿨(2023)] → [제4장 최신기출문제] → [제8회 최신기출문제]_스타가방(주).zip(회계연도는 2023.1.1 ~ 12.31이다.)를 불러온 후 진행합니다. [사용자번호 : (12345678), 성명 : (김갑수)]

01 다음 제시되는 기준정보를 입력하시오. 16점/각4점

1️⃣ 다음의 신규 거래처를 등록하시오. 각2점

거래처(명)	거래처분류(구분)	거래처코드	대표자(명)	사업자등록번호	업태/종목
무지개가방(주)	매입처(일반)	02004	이은조	137-81-99783	제조/피혁제품
블랙가방(주)	매출처(일반)	03004	송인국	211-81-36785	도소매업/가방

2️⃣ 다음의 유형자산을 등록하시오.

계정과목 (과목명)	자산 (코드)	자산(명)	취득수량	취득일	취득금액	내용연수	상각방법
비품	8004	진열대	1대	2023.12.4	₩2,400,000	5년	정액법

3️⃣ 다음의 신규 상품(품목)을 등록하시오.

품목코드	품목(품명)	(상세)규격	품목종류(자산)	기본단위(단위명)
5005	서류백	DD	상품	EA

4️⃣ 다음의 신규 부서를 등록하시오. 각2점

(부서)코드	부서명	제조/판관	비고
14	구매관리부	판관	
15	디자인개발부	판관	

02 다음 거래를 입력하시오. 36점/각4점

(단, 채권·채무 및 금융 거래는 거래처 코드를 입력하고 각 문항별 한 개의 전표번호로 입력한다.)

1 12월 3일 출장 사원에게 가지급한 여비개산액 ₩200,000을 정산하고 차액은 현금으로 지급하다.
교통비 ₩60,000   숙박비 ₩100,000   거래처 직원과의 식사비 ₩50,000

2 12월 4일 기준정보에서 등록한 진열대를 영일가구(주)로부터 ₩2,400,000에 구입하고 대금은 당좌예금(국민은행)계좌에서 이체하여 지급하다.

3 12월 5일 매출처 클로버백(주)로부터 받은 약속어음(어음번호: 마바44125641, 만기일: 2023년 12월 5일, 지급은행: 우리은행) ₩15,000,000이 금일 만기가 되어 당점의 당좌예금(국민은행) 계좌에 입금되다.

4 12월 7일 상품을 매입하고 전자세금계산서를 발급받다.

전자세금계산서(공급받는자 보관용)						승인번호	20231207-XXXX0011	
공급자	등록번호	104-81-23454			공급받는자	등록번호	104-81-12049	
	상호	특피가방(주)	성명(대표자)	이혁		상호	스타가방(주)	성명(대표자) 김한국
	사업장주소	서울특별시 종로구 낙산5길 17-14				사업장주소	서울특별시 구로구 개봉로 10	
	업태	제조	종사업장번호			업태	도매 및 상품중개업	종사업장번호
	종목	피혁제품				종목	가방	
	E-Mail	efgf@sanggong.com				E-Mail	abce@kcci.com	

작성일자	2023.12.07.	공급가액	12,500,000	세 액	1,250,000
비고					

월	일	품목명	규격	수량	단가	공급가액	세액	비고
12	7	악어백	F	25	500,000	12,500,000	1,250,000	

합계금액	현금	수표	어음	외상미수금	이 금액을	○ 영수 ◉ 청구	함
13,750,000	8,000,000			5,750,000			

5 12월 10일   상품을 매출하고 전자세금계산서를 발급하다.

전자세금계산서(공급자 보관용)							승인번호		20231210-XXXX0125	
공급자	등록번호	104-81-12049			공급받는자	등록번호	104-81-34567			
	상호	스타가방(주)	성명(대표자)	김한국		상호	파라곤백(주)	성명(대표자)	박라곤	
	사업장 주소	서울특별시 구로구 개봉로 10				사업장 주소	서울특별시 중구 퇴계로 10			
	업태	도매 및 상품중개업	종사업장번호			업태	도소매업	종사업장번호		
	종목	가방				종목	가방			
	E-Mail	abce@kcci.com				E-Mail	qwas@sanggong.com			

작성일자	2023.12.10.	공급가액	46,500,000	세 액	4,650,000
비고					

월	일	품목명	규격	수량	단가	공급가액	세액	비고
12	10	토트백	F	45	500,000	22,500,000	2,250,000	
12	10	보스턴백	F	40	600,000	24,000,000	2,400,000	

합계금액	현금	수표	어음	외상미수금	이 금액을	○ 영수	함
51,150,000				51,150,000		◉ 청구	

6 12월 14일   11월 30일자의 현금과부족 계정 잔액 ₩50,000은 거래처 직원 결혼 축의금을 지급한 것으로 밝혀지다.

7 12월 21일   라면 50박스(1박스 당 ₩20,000)를 법인신용카드(비씨카드)로 구입하여 사회복지공동모금회에 전달하다.

8 12월 24일   단기 시세 차익을 목적으로 구입한 대한피혁(주) 주식 100주(액면금액 @₩10,000, 장부금액 @₩9,000)를 1주당 ₩11,000에 처분하고 대금은 보통예금(기업은행) 계좌로 입금받다.

9 12월 30일   장기차입금(농협은행)에 대한 이자 ₩50,000이 보통예금(기업은행) 계좌에서 이체되다.

03 다음 기말(12월 31일) 결산 정리 사항을 회계 처리하고 마감하시오. 20점/각4점

1 보험료 선급분을 계상하다. 단, 월할계산에 의한다.

2 임대료 미수분 ₩2,000,000을 계상하다.

3 매출채권 잔액에 대하여 1%의 대손충당금(보충법)을 설정하다.

4 모든 비유동자산에 대하여 감가상각비를 계상하다.

5 기말상품재고액을 입력하고 결산 처리하다. 단, 재고평가는 선입선출법으로 한다.

04 다음 사항을 조회하여 번호 순서대로 단답형 답안에 등록하시오. 28점/각4점

※ CAMP sERP는 [단답형답안작성]메뉴에서 답안을 등록 후 [저장]버튼을 클릭합니다.
New sPLUS는 [답안수록]메뉴에서 답안을 등록 후 [답안저장]버튼을 클릭합니다.
※ 문자 외의 숫자는 ₩, 원, 월, 단위구분자(,) 등을 생략하고 숫자만 입력하되 소수점이 포함되어 있는 숫자의 경우에는
소수점을 입력합니다.
(예시) 54200(○), 54.251(○), ₩54,200(×), 54,200원(×), 5월(×), 500개(×), 50건(×)

1 1월 1일부터 5월 31일까지 외상매입금 발생액은 얼마인가?

2 6월 1일부터 9월 30일까지 현금으로 지급한 판매비와관리비 총액은 얼마인가?

3 9월 30일 현재 데이지백(주)의 외상매출금 잔액은 얼마인가?

4 10월 31일 현재 숄더백의 재고 수량은 몇 개인가?

5 11월 30일 현재 보통예금 잔액은 얼마인가?

6 1월 1일부터 12월 31일까지 한국채택국제회계기준(K-IFRS)에 의한 포괄손익계산서(기능별)에 표시되는 기타비용은 얼마인가?

7 12월 31일 현재 한국채택국제회계기준(K-IFRS)에 의한 재무상태표에 표시되는 비유동부채의 금액은 얼마인가?

▶ 답안저장하기 : 오른쪽 상단의 [종료 또는 로그아웃]버튼 클릭 → 답안파일 제출

제9회 전산회계운용사 실기 최신기출문제

※ 무 단 전 재 금 함	프로그램	제한시간	수험번호	성 명
	CAMP sERP	60분		

3급	A형

답안 작성시 유의사항

➤ 인적사항 누락 및 작성 오류로 인한 불이익은 수험자 책임으로 합니다.

➤ 시험은 반드시 주어진 문제의 순서대로 진행하여야 합니다.

➤ 반드시 지시사항에 따라 기초기업자료를 확인하고, 해당 기초기업자료가 나타나지 않는 경우는 감독관에게 문의하시기 바랍니다.

➤ 기초기업자료를 선택하여 해당 문제를 풀이한 후 프로그램 종료 전 반드시 답안을 저장해야 합니다.

➤ 각종 코드는 문제에서 제시된 코드로 입력하여야 하며, 수험자가 임의로 부여한 코드는 오답으로 처리합니다. 단, 문제에 코드가 없는 경우에는 그러하지 아니합니다.

➤ 계정과목을 입력할 때는 반드시 [검색] 기능이나 [조회] 기능을 이용하여 계정과목을 등록하되 다음의 자산은 변경 후 계정과목(평가손익, 처분손익)을 적용합니다.

변경 전	변경 후
계정과목	계정과목
단기매매금융자산	당기손익－공정가치측정금융자산
매도가능금융자산	기타포괄손익－공정가치측정금융자산
만기보유금융자산	상각후원가측정금융자산

➤ 답안파일명은 자동으로 부여되므로 별도 답안파일을 작성할 필요가 없습니다. 또한, 답안 저장 및 제출 시간은 별도로 주어지지 아니하므로 제한 시간 내에 답안 저장 및 제출을 완료해야 합니다.

대한상공회의소

합격마법사 | 전산회계운용사 실기 **최신기출문제**

문제 01 회계원리

▶ 지시사항

다음의 1번, 2번, 3번, 4번 문항은 CAMP sERP 프로그램을 '교육용로그인'할 때 불러오기를 클릭하고 [멘토르스쿨(2023)] → [제4장 최신기출문제] → [제9회 최신기출문제]_지니피오(주).zip(회계연도는 2023.1.1 ～ 12.31이다.)를 불러온 후 진행합니다. [사용자번호 : (12345678), 성명 : (김갑수)]

---

01 다음 제시되는 기준정보를 입력하시오.   16점/각4점

■ 다음의 신규 거래처를 등록하시오.   각2점

거래처(명)	거래처분류(구분)	거래처코드	대표자(명)	사업자등록번호	업태/종목
서울가방(주)	매입처(일반)	02004	김서울	137-81-99783	제조/피혁제품
대전가방(주)	매출처(일반)	03004	최대전	211-81-36785	도소매업/가방

■ 다음의 유형자산을 등록하시오.

계정과목(과목명)	자산(코드)	자산(명)	취득수량	취득일	취득금액	내용연수	상각방법
비품	8004	제습기	1대	2023.12.4	₩1,800,000	5년	정액법

■ 다음의 신규 상품(품목)을 등록하시오.

품목코드	품목(품명)	(상세)규격	품목종류(자산)	기본단위(단위명)
5005	백팩	MM	상품	EA

■ 다음의 신규 부서를 등록하시오.   각2점

(부서)코드	부서명	제조/판관	비고
14	판매영업부	판관	
15	자재관리부	판관	

02 다음 거래를 입력하시오. 단, 채권, 채무 및 금융 거래는 거래처를 입력한다.

1 12월 4일   대한전자(주)로부터 기준정보에서 등록한 제습기를 ₩1,800,000에 구입하고 대금은 약속어음(어음번호: 가나54612304, 만기일: 2024년 3월 4일, 지급은행: 국민은행)을 발행하여 지급하다.

2 12월 7일   보통예금(기업은행) 계좌에 원인 불명 금액 ₩2,000,000이 입금되다.

3 12월 10일   매입처 특피가방(주)에 발행한 약속어음(어음번호: 가나54612303, 만기일: 2023년 12월 10일, 지급은행: 국민은행) ₩10,000,000이 금일 만기가 되어 당점의 당좌예금(국민은행) 계좌에서 결제되다.

4 12월 14일   상품을 매입하고 전자세금계산서를 발급받다.

전자세금계산서(공급받는자 보관용)

| | | | | | | 승인번호 | 20231214-XXXX0011 |

공급자	등록번호	128-81-12346			공급받는자	등록번호	104-81-12049	
	상호	로즈가방(주)	성명(대표자)	김로즈		상호	지니피오(주)	성명(대표자) 김소공
	사업장주소	경기도 고양시 일산동구 중앙로 1000				사업장주소	서울특별시 구로구 개봉로 10	
	업태	제조	종사업장번호			업태	도매 및 상품중개업	종사업장번호
	종목	피혁제품				종목	가방	
	E-Mail	efgf@sanggong.com				E-Mail	abce@kcci.com	

작성일자	2023.12.14.	공급가액	8,000,000	세 액	800,000
비고					

월	일	품목명	규격	수량	단가	공급가액	세액	비고
12	14	숄더백	F	40	200,000	8,000,000	800,000	

합계금액	현금	수표	어음	외상미수금	이 금액을	○ 영수 ● 청구	함
8,800,000	5,000,000			3,800,000			

5 12월 16일   상품을 매출하고 전자세금계산서를 발급하다.

전자세금계산서(공급자 보관용)						승인번호		20231216-XXXX0125	

공급자	등록번호	104-81-12049				공급받는자	등록번호	220-81-12356	
	상호	지니피오(주)	성명(대표자)	김소공			상호	클로버백(주)	성명(대표자)	이여행
	사업장주소	서울특별시 구로구 개봉로 10					사업장주소	서울특별시 강남구 역삼로 106	
	업태	도매 및 상품중개업	종사업장번호				업태	도소매업	종사업장번호
	종목	가방					종목	가방	
	E-Mail	abce@kcci.com					E-Mail	qwas@sanggong.com	

작성일자	2023.12.16.	공급가액	62,500,000	세 액	6,250,000
비고					

월	일	품목명	규격	수량	단가	공급가액	세액	비고
12	16	악어백	F	30	1,500,000	45,000,000	4,500,000	
12	16	보스턴백	F	35	500,000	17,500,000	1,750,000	

합계금액	현금	수표	어음	외상미수금	이 금액을	○ 영수 ◉ 청구	함
68,750,000				68,750,000			

6 12월 17일   단기 시세 차익을 목적으로 (주)상공 발행 주식 100주(액면금액 @₩5,000, 취득금액 @₩8,000)를 취득하고 대금은 수수료 ₩5,000과 함께 보통예금(기업은행) 계좌에서 이체하다.

7 12월 21일   11월 28일에 사용한 법인신용카드(비씨카드) 대금 ₩300,000이 보통예금(기업은행) 계좌에서 인출되다.

8 12월 24일   클로버백(주)로부터 상품을 주문받고, 계약금 ₩3,000,000을 클로버백(주) 발행의 당좌수표로 받다.
악어백   10EA @₩1,500,000 ₩15,000,000 (부가가치세 별도)

9 12월 28일   우리은행으로부터 차입한 단기차입금 ₩5,000,000과 그 이자 ₩25,000을 당좌예금(국민은행) 계좌에서 이체하여 지급하다.

03 다음 기말(12월 31일) 결산 정리 사항을 회계 처리하고 마감하시오.　　　　20점/각4점

　1　임대료 미수분 ₩2,000,000을 계상하다.

　2　소모품 미사용액 ₩250,000을 계상하다.

　3　매출채권 잔액에 대하여 1%의 대손충당금(보충법)을 설정하다.

　4　모든 비유동자산에 대하여 감가상각비를 계상하다.

　5　기말상품재고액을 입력하고 결산 처리하다. 단, 재고평가는 선입선출법으로 한다.

04 다음 사항을 조회하여 번호 순서대로 단답형 답안에 등록하시오.　　　　28점/각4점

　※ CAMP sERP는 [단답형답안작성]메뉴에서 답안을 등록 후 [저장]버튼을 클릭합니다.
　　 New sPLUS는 [답안수록]메뉴에서 답안을 등록 후 [답안저장]버튼을 클릭합니다.
　※ 문자 외의 숫자는 ₩, 원, 월, 단위구분자(,) 등을 생략하고 숫자만 입력하되 소수점이 포함되어 있는 숫자의 경우에는
　　 소수점을 입력합니다.
　　 (예시) 54200(○), 54.251(○), ₩54,200(×), 54,200원(×), 5월(×), 500개(×), 50건(×)

　1　1월 1일부터 4월 30일까지 보통예금의 인출총액은 얼마인가?

　2　4월 1일부터 6월 30일까지 발생한 통신비의 총액은 얼마인가?

　3　5월 31일 현재 악어백의 재고 수량은 몇 개인가?

　4　7월 31일 현재 파라곤백(주)의 외상매출금 잔액은 얼마인가?

　5　10월 31일 현재 매입채무 잔액은 얼마인가?

　6　1월 1일부터 12월 31일까지 한국채택국제회계기준(K-IFRS)에 의한 포괄손익계산서(기능별)에 표시되는 금융수익은 얼마인가?

　7　12월 31일 현재 한국채택국제회계기준(K-IFRS)에 의한 재무상태표에 표시되는 현금및현금성자산의 금액은 얼마인가?

▶ 답안저장하기 : 오른쪽 상단의 [종료 또는 로그아웃]버튼 클릭 → 답안파일 제출

MEMO

CAMP sERP 프로그램에 의한

합격마법사

정답화일은 http : mtrschool.co.kr [자료실]에서 다운받아 기초자료 불러오기 하여 확인합니다.

APPENDIX

부록

해 답

01회 모의고사_천안전자(주)

기초정보 → 회사(사업장)정보관리 에서 천안전자(주)를 확인한다.

문제 01 기준정보

① [기초정보] → [거래처정보관리(일반 탭)]
② [회계관리] → [재무회계] → [고정자산관리] → [고정(유형/무형)자산등록]
③ [기초정보] → [부서정보관리]
④ [기초정보] → [품목정보관리]

문제 02 거래입력

① 12월 3일 (차) 여 비 교 통 비　　450,000　　(대) 가 지 급 금　　500,000 ⇒ [일반전표입력][대체전표]
　　　　　　　　　　현　　　　　금　　 50,000

② 12월 5일 (차) 선 급 금(대성)　 1,000,000　　(대) 보 통 예 금(우리)　 1,000,000 ⇒ [수금지급등록][지급등록]

③ 12월 12일 (차) 당산의 공장저장용자산　900,000　　(대) 보 통 예 금(우리)　　900,000 ⇒ [일반전표입력][대체전표]

④ 12월 18일 (차) 차 량 운 반 구　15,000,000　　(대) 미 지 급 금(동진)　15,000,000 ⇒ [일반전표입력][대체전표]

⑤ 12월 19일 (차) 단기차입금(대한)　15,000,000　　(대) 보 통 예 금(우리)　15,085,000 ⇒ [일반전표입력][대체등록]
　　　　　　　　　이 자 비 용　　 85,000

⑥ 12월 20일 (차) 상　　　　　품　15,000,000　　(대) 지 급 어 음(매경)　10,000,000 ⇒ [구매등록]
　　　　　　　부가가치세대급금　 1,500,000　　　　　외상매입금(매경)　 6,500,000

⑦ 12월 21일 (차) 외상매출금(청명)　39,600,000　　(대) 상 품 매 출　36,000,000 ⇒ [판매등록]
　　　　　　　　　　　　　　　　　　　　　부가가치세예수금　 3,600,000

⑧ 12월 24일 (차) 외상매입금(우리)　20,000,000　　(대) 지 급 어 음(우리)　20,000,000 ⇒ [수금지급등록][지급등록]

⑨ 12월 28일 (차) 세 금 과 공 과　　300,000　　(대) 보 통 예 금(우리)　　300,000 ⇒ [일반전표입력][대체전표]

문제 03 결산작업

1 12월 31일 (차) 소　모　품　　500,000　　(대) 소 모 품 비　　500,000 ⇒ [일반전표입력][대체전표]

　　※ 비용처리법이므로 소모품비 중 미사용액만큼 소모품 계정에 대체한다.
　　　2,500,000(소모품비) − 2,000,000(사용액) = 500,000(미사용액)

2 12월 31일 (차) 미　수　수　익　　2,500,000　　(대) 이 자 수 익　　2,500,000 ⇒ [일반전표입력][대체전표]

3 [회계관리] → [결산관리] → [결산자료입력] → [조회] → 우측상단 [감가상각] → [결산반영]

4 [회계관리] → [결산관리] → [결산자료입력] → 우측상단 [대손상각]에서 대손율 설정을 확인하고,
　　[외상매출금 : 1,189,450,000 × 0.01 − 350,000 = 11,544,500 , 받을어음 : 359,000,000 × 0.01 − 0 = 3,590,000]
　　단기대여금, 미수수익, 선급금, 장기대여금 금액은 삭제하고 [결산반영]

5 ① [영업물류] → [재고/생산관리] → [환경설정] → [재고관리방법설정] → 1.재고평가방법 [선입선출법] → [저장]
　　② [영업물류] → [재고/생산관리] → [재고수불부관리] → [재고수불부]에서, 조회기간(2023−01−01~2023−12−31) 재고금액
　　　(250,750,000)을 확인한다.
　　③ [결산자료입력] → [기말상품재고액 입력]후 반드시 [전표추가]버튼을 클릭하여 결산전표를 생성한다.

문제 04 단답형 답안

1 영업물류 → 재고/생산관리 → 재고수불부관리 → 재고수불부　　　　　　　　　　답 2,550
　　[조회기간(2023−01−01 ~ 2023−02−20)]

2 회계관리 → 재무회계 → 결산관리 → 합계잔액시산표 → 대변 합계　　　　　　답 1,268,500,000
　　[조회기간(2023−03−01 ~ 2023−07−31)]

3 회계관리 → 재무회계 → 장부관리 → 거래처원장 → 잔액　　　　　　　　　　　답 157,750,000
　　[조회기간(2023−01−01 ~ 2023−10−31), 거래처코드(청명전자(주)), 계정코드(외상매출금)]

4 회계관리 → 재무회계 → 결산관리 → 합계잔액시산표 → 차변 잔액　　　　　　답 194,287,780
　　[조회기간(2023−01−01 ~ 2023−11−10)]

5 회계관리 → 재무회계 → 장부관리 → 월계표　　　　　　　　　　　　　　　　답 18,921,640
　　[조회기간(2023−11 ~ 2023−11)]

6 회계관리 → 재무회계 → 결산관리 → 재무상태표(IFRS)　　　　　　　　　　　답 248,073,393
　　[조회기간(2023−01−01 ~ 2023−12−31)]

7 회계관리 → 재무회계 → 결산관리 → 포괄손익계산서(IFRS)　　　　　　　　　답 232,375,667
　　[조회기간(2023−01−01 ~ 2023−12−31)]

02회 모의고사_삼거리자전거(주)

기초정보 → 회사(사업장)정보관리에서 삼거리자전거(주)를 확인한다.

문제 01 기준정보

1 [기초정보] → [거래처정보관리(일반 탭)]
2 [회계관리] → [재무회계] → [고정자산관리] → [고정(유형/무형)자산등록]
3 [기초정보] → [품목정보관리]
4 [기초정보] → [부서정보관리]

문제 02 거래입력

1 12월 4일 (차) 보통예금(기업) 10,710,000 (대) 단기대여금(저리) 10,000,000 ⇒ [일반전표입력][대체전표]
　　　　　　　　　　　　　　　　　　　　　　　　 이 자 수 익   710,000

2 12월 6일 (차) 건설중인자산 12,000,000 (대) 보통예금(기업) 12,000,000 ⇒ [일반전표입력][대체전표]

3 12월 8일 (차) 상   품 14,000,000 (대) 외상매입금(한국자전거) 15,400,000 ⇒ [구매등록]
　　　　　　　　 부가가치세대급금   1,400,000

4 12월 11일 (차) 미지급금(한국유통)   6,450,000 (대) 당좌예금(신한)   6,450,000 ⇒ [일반전표입력][대체전표]
　 ※ [회계관리] → [장부관리] → [거래처원장]에서 잔액 6,450,000을 확인한다.
　　 [조회기간(2023-01-01~2023-12-11), 계정과목(미지급금), 거래처(한국유통(주))]
　 ※ [수금지급등록]메뉴 이용시 미지급금의 거래처가 매입 또는 매출거래처로 등록되어 있어야 함.

5 12월 13일 (차) 외상매입금(푸른) 50,000,000 (대) 현   금 10,000,000 ⇒ [수금지급등록][지급등록]
　　　　　　　　　　　　　　　　　　　　　　　　 보통예금(기업) 40,000,000

6 12월 15일 (차) 외상매출금(오천) 44,000,000 (대) 상 품 매 출 40,000,000 ⇒ [판매등록]
　　　　　　　　　　　　　　　　　　　　　　　　 부가가치세예수금   4,000,000

7 12월 18일 (차) 보통예금(기업)   8,500,000 (대) 당기손익-공정가치 12,000,000 ⇒ [일반전표입력][대체전표]
　　　　　　　　　　　　　　　　　　　　　　　　 측 정 금 융 자 산

　　　　　　　　 당기손익-공정가치   3,500,000
　　　　　　　　 측정금융자산처분손실

8 12월 22일 (차) 비   품   1,200,000 (대) 보통예금(기업)   1,200,000 ⇒ [일반전표입력][대체전표]

9 12월 26일 (차) 기   부   금   810,000 (대) 미지급금(KB카드)   810,000 ⇒ [일반전표입력][대체전표]

문제 03 결산작업

① 12월 31일 (차) 선 급 비 용   2,940,000   (대) 보   험   료   2,940,000 ⇒ [일반전표입력][대체전표]

② 12월 31일 (차) 장 기 차 입 금 150,000,000   (대) 유동성장기부채 150,000,000 ⇒ [일반전표입력][대체전표]
　　　　　　　　 (신 한 캐 피 탈)　　　　　　　　　 (신 한 캐 피 탈)

③ [회계관리] → [결산관리] → [결산자료입력] → [조회] → 우측상단 [대손상각]에서 대손율 설정을 확인하고
　[외상매출금 : 475,000,000 × 0.01 − 1,503,000 = 3,247,000 받을어음 : 13,200,000 × 0.01 − 74,000 = 58,000]
　단기대여금, 미수수익, 미수금 금액은 삭제하고 [결산반영]

④ [회계관리] → [결산관리] → [결산자료입력] → 우측상단 [감가상각] → [결산반영]

⑤ ① [영업물류] → [재고/생산관리] → [환경설정] → [재고관리방법설정] → 1.재고평가방법 [선입선출법] → [저장]
　② [영업물류] → [재고/생산관리] → [재고수불부관리] → [재고수불부]에서, 조회기간(2021-01-01~2021-12-31) 재고금액
　　(154,800,000)을 확인한다.
　③ [결산자료입력] → [기말상품재고액 입력]후 반드시 [전표추가]버튼을 클릭하여 결산전표를 생성한다.

문제 04 단답형 답안

① 회계관리 → 재무회계 → 장부관리 → 월계표　　　　　　　　　　　　　　　　　　　답 4
　[조회기간(2023-01 ~ 2023-04]

② 영업물류 → 재고/생산관리 → 재고수불부관리 → 재고수불부　　　　　　　　　　답 610
　[조회기간(2021-01-01 ~ 2023-06-30), 검색[산악용자전거]]

③ 회계관리 → 재무회계 → 결산관리 → 합계잔액시산표 → 대변 합계　　　　　　　답 560,300,000
　[조회기간(2023-04-01 ~ 2023-07-31)]

④ 영업물류 → 재고/생산관리 → 재고수불부관리 → 재고수불부　　　　　　　　　　답 12
　[조회기간(2023-01-01 ~ 2023-07-28), 검색[시티자전거]]

⑤ 회계관리 → 재무회계 → 장부관리 → 계정별거래처잔액명세서　　　　　　　　　답 2002
　[조회기간(2023-01-01 ~ 2023-07-31), 거래처(공란 ~ 공란), 계정과목(외상매입금)]

⑥ 회계관리 → 재무회계 → 결산관리 → 포괄손익계산서(K-IFRS)　　　　　　　　　답 1,410,000
　[조회기간(2023-01-01 ~ 2023-12-31)]

⑦ 회계관리 → 재무회계 → 결산관리 → 재무상태표(K-IFRS)　　　　　　　　　　　답 10,000,000
　[조회기간(2023-01-01 ~ 2023-12-31)]

기초정보 → 회사(사업장)정보관리에서 우리컴퓨터(주)를 확인한다.

문제 01   기준정보

① [기초정보] → [거래처정보관리(일반 탭)]
② [회계관리] → [재무회계] → [고정자산관리] → [고정(유형/무형)자산등록]
③ [기초정보] → [품목정보관리]
④ [기초정보] → [부서정보관리]

문제 02   거래입력

① 12월 3일 (차) 가 지 급 금 500,000   (대) 현   금 500,000 ⇒ [일반전표입력][출금전표]

② 12월 5일 (차) 복 리 후 생 비 200,000   (대) 미지급금(KB국민카드) 200,000 ⇒ [일반전표입력][대체전표]

③ 12월 12일 (차) 비   품 1,000,000   (대) 미 지 급 금 (대 한) 1,000,000 ⇒ [일반전표입력][대체전표]

④ 12월 13일 (차) 이 자 비 용 250,000   (대) 현   금 250,000 ⇒ [일반전표입력][출금전표]

⑤ 12월 16일 (차) 보 통 예 금 (신 한) 8,500,000   (대) 당기손익-공정가치측정금융자산 7,500,000 ⇒ [일반전표입력][대체전표]
                                               당기손익-공정가치측정금융자산처분이익 1,000,000

⑥ 12월 19일 (차) 상   품 20,000,000   (대) 외 상 매 입 금 (인 천) 22,000,000 ⇒ [구매등록]
               부가가치세대급금 2,000,000

⑦ 12월 20일 (차) 지 급 어 음 (대 구) 9,350,000   (대) 당 좌 예 금 (국 민) 9,350,000 ⇒ [일반전표입력][대체전표]
   ※ [지급어음상태변경]에서 만기일(2023-12-20 ~ 2023-12-20)을 조회하여 어음을 선택한다.

⑧ 12월 23일 (차) 외상매출금(서울) 121,000,000   (대) 상 품 매 출 110,000,000 ⇒ [판매등록]
                                              부 가 가 치 세 예 수 금 11,000,000

⑨ 12월 26일 (차) 당 좌 예 금(국 민) 19,250,000   (대) 받 을 어 음 (부 산) 19,250,000 ⇒ [일반전표입력][대체전표]
   ※ [받을어음상태변경]에서 만기일(2023-12-26 ~ 2023-12-26)을 조회하여, 어음 선택하고 처리구분 [결제]로 변경 후
      결제금액(당좌예금)을 선택한다.

문제 **03** 결산작업

1 12월 31일 (차) 선 급 비 용 750,000 (대) 보 험 료 750,000 ⟹ [일반전표입력][대체전표]
※ 합계잔액시산표의 보험료를 더블클릭하여 4월 1일에 지급된 보험료 3,000,000원(1년분)을 확인한다.
3,000,000 ÷ 12 × 3(선급분) = 750,000

2 12월 31일 (차) 소 모 품 14,000 (대) 소 모 품 비 14,000 ⟹ [일반전표입력][대체전표]
※ 합계잔액시산표에서 소모품비(314,000원)을 확인한다.(비용처리법)
소모품비(314,000) − 사용액(300,000) = 미사용액(14,000)

3 [회계관리] → [결산관리] → [결산자료입력] → [조회] → 우측상단 [감가상각] → [결산반영]

4 [회계관리] → [결산관리] → [결산자료입력] → 우측상단 [대손상각]에서 대손율 설정을 확인하고 [결산반영]
[외상매출금 : 184,250,000 × 0.01 − 584,100 = 1,258,400 , 받을어음 : 91,300,000 × 0.01 − 486,750 = 426,250]

5 ① [영업물류] → [재고/생산관리] → [환경설정] → [재고관리방법설정] → 1.재고평가방법 [선입선출법] → [저장]
② [영업물류] → [재고/생산관리] → [재고수불부관리] → [재고수불부]에서, 조회기간(2023−01−01~2023−12−31) 재고금액 (60,750,000)을 확인한다.
③ [결산자료입력] → [기말상품재고액 입력]후 반드시 [전표추가]버튼을 클릭하여 결산전표를 생성한다.

문제 **04** 단답형 답안

1 영업물류 → 구매보고서 → 구매명세서 → 기간별 탭 → 공급가액 합계 **답** 37,500,000
[조회기간(2023−01−01 ~ 2023−04−30), 품목(3D Printer)]

2 영업물류 → 판매보고서 → 판매명세서 → 기간별 탭 → 수량 합계 **답** 70
[조회기간(2023−04−01 ~ 2023−06−30), 품목(CD/DVD Printer)]

3 회계관리 → 재무회계 → 장부관리 → 거래처원장 → 잔액 **답** 24,750,000
[조회기간(2023−01−01 ~ 2023−06−30), 거래처코드((주)인천정보유통), 계정코드(외상매입금)]

4 회계관리 → 재무회계 → 장부관리 → 어음관리 → 받을어음 탭 **답** 293,700,000
[조회기간(2023−07−01 ~ 2023−09−30), 거래처((주)부산정보유통)]

5 회계관리 → 재무회계 → 장부관리 → 월계표 **답** 4
[조회기간(2023−04 ~ 2023−07)]

6 회계관리 → 재무회계 → 결산관리 → 포괄손익계산서(IFRS) **답** 2,510,000
[조회기간(2023−01−01 ~ 2023−12−31)]

7 회계관리 → 재무회계 → 결산관리 → 재무상태표(IFRS) **답** 70,000,000
[조회기간(2023−01−01 ~ 2023−12−31)]

기초정보 → 회사(사업장)정보관리에서 세종전자(주)를 확인한다.

문제 01 기준정보

1 [기초정보] → [거래처정보관리(일반 탭)]
2 [회계관리] → [재무회계] → [고정자산관리] → [고정(유형/무형)자산등록]
3 [기초정보] → [부서정보관리]
4 [기초정보] → [품목정보관리]

문제 02 거래입력

1 12월 1일 (차) 가 수 금 5,000,000 (대) 외상매출금(최신) 5,000,000 ⇒ [일반전표입력][대체전표]

2 12월 4일 (차) 비 품 1,500,000 (대) 미지급금(유행) 1,500,000 ⇒ [일반전표입력][대체전표]

3 12월 7일 (차) 선 급 금(제일) 2,600,000 (대) 보통예금(신한) 2,600,000 ⇒ [수금지급등록][지급등록]

4 12월 11일 (차) 정기적금(하나) 100,000 (대) 보통예금(신한) 100,000 ⇒ [일반전표입력][대체전표]

5 12월 13일 (차) 상 품 40,000,000 (대) 지급어음(조은) 40,000,000 ⇒ [구매등록]
　　　　　　　부가가치세대급금 4,000,000 　 현 금 4,000,000

6 12월 18일 (차) 외상매출금(두리) 66,000,000 (대) 상 품 매 출 60,000,000 ⇒ [판매등록]
　　　　　　　　　　　　　　　　　　　　　부가가치세예수금 6,000,000

7 12월 19일 (차) 당좌예금(기업) 15,000,000 (대) 받을어음(희망) 15,000,000 ⇒ [일반전표입력][대체전표]

　※ [받을어음상태변경]에서 만기일(2023-12-19 ~ 2023-12-19)을 조회하여, 어음 선택하고 처리구분 [결제]로 변경 후 결제
　　금액(당좌예금)을 선택한다.

8 12월 24일 (차) 당기손익공정가치측정금융자산 12,000,000 (대) 보통예금(신한) 12,000,000 ⇒ [일반전표입력][대체전표]

9 12월 28일 (차) 기타의대손상각비 5,000,000 (대) 단기대여금(사랑) 5,000,000 ⇒ [일반전표입력][대체전표]

　※ 매출채권(외상매출금, 받을어음)은 대손상각비(판매비와관리비)이고, 기타채권(대여금, 미수금)은 기타의대손상각비(기타비
　　용)으로 처리한다.

문제 03   결산작업

1 12월 31일 (차) 소   모   품   300,000   (대) 소 모 품 비   300,000 ⇒ [일반전표입력][대체전표]
　　※ 합계잔액시산표에서 소모품비(890,000원)을 확인한다.(비용처리법)

2 12월 31일 (차) 선 급 비 용   450,000   (대) 보   험   료   450,000 ⇒ [일반전표입력][대체전표]

3 [회계관리] → [결산관리] → [결산자료입력] → [조회] → 우측상단 [감가상각] → [결산반영]

4 [회계관리] → [결산관리] → [결산자료입력] → 우측상단 [대손상각]에서 대손율 설정을 확인하고,
　　[외상매출금 : 292,460,000 × 0.01 − 900,000 = 2,024,600 , 받을어음 : 15,000,000 × 0.01 − 0 = 150,000]
　　선급금 금액은 삭제하고 [결산반영]

5 ① [영업물류] → [재고/생산관리] → [환경설정] → [재고관리방법설정] → 1.재고평가방법 [선입선출법] → [저장]
　　② [영업물류] → [재고/생산관리] → [재고수불부관리] → [재고수불부]에서, 조회기간(2023-01-01~2023-12-31) 재고금
　　　액 (168,450,000)을 확인한다.
　　③ [결산자료입력] → [기말상품재고액 입력]후 반드시 [전표추가]버튼을 클릭하여 결산전표를 생성한다.

문제 04   단답형 답안

1 영업물류 → 재고/생산관리 → 재고수불부관리 → 재고수불부　　　　　　　　　　　　　　　답 43
　　[조회기간(2023-01-01 ~ 2023-02-28), 검색(냉장고)]

2 회계관리 → 재무회계 → 장부관리 → 월계표 → 기간합계 탭　　　　　　　　　　　　　답 10,000,000
　　[조회기간(2023-03-01 ~ 2023-05-31)]

3 회계관리 → 재무회계 → 장부관리 → 거래처원장 → 잔액　　　　　　　　　　　　　답 73,054,000
　　[조회기간(2023-01-01 ~ 2023-06-30), 거래처코드((주)가산테크), 계정코드(외상매입금)]

4 회계관리 → 재무회계 → 장부관리 → 월계표 → 기간합계 탭　　　　　　　　　　　　답 52,070,000
　　[조회기간(2023-07-01 ~ 2023-10-31)]

5 회계관리 → 재무회계 → 결산관리 → 합계잔액시산표 → 차변 잔액(또는 월계표(기간합계 탭))　답 692,580,000
　　[조회기간(2023-01-01 ~ 2023-11-30)]

6 회계관리 → 재무회계 → 결산관리 → 재무상태표(IFRS)　　　　　　　　　　　　答 150,000,000
　　[조회기간(2023-01-01 ~ 2023-12-31)]

7 회계관리 → 재무회계 → 결산관리 → 포괄손익계산서(IFRS)　　　　　　　　　　　답 7,510,000
　　[조회기간(2023-01-01 ~ 2023-12-31)]

기초정보 → 회사(사업장)정보관리에서 화랑몰(주)를 확인한다.

문제 01 기준정보

1 [기초정보] → [거래처정보관리(일반 탭)]
2 [회계관리] → [재무회계] → [고정자산관리] → [고정(유형/무형)자산등록]
3 [기초정보] → [품목정보관리]
4 [기초정보] → [부서정보관리]

문제 02 거래입력

1 12월 2일 (차) 접   대   비   150,000   (대) 미지급금(KB국민카드)   150,000 ⇒ [일반전표입력][대체전표]

2 12월 5일 (차) 건 설 중 인 자 산 (남 산)   5,000,000   (대) 당 좌 예 금 (국 민)   5,000,000 ⇒ [일반전표입력][대체전표]

3 12월 8일 (차) 보 통 예 금 (신 한)   3,000,000   (대) 가   수   금   3,000,000 ⇒ [일반전표입력][대체전표]

4 12월 10일 (차) 광 고 선 전 비   5,000,000   (대) 미지급금(비씨카드)   5,000,000 ⇒ [일반전표입력][대체전표]

5 12월 11일 (차) 상   품   25,000,000   (대) 지 급 어 음 (대 구)   27,500,000 ⇒ [구매등록]
　　　　　　　　　부 가 가 치 세 대 급 금   2,500,000

6 12월 14일 (차) 보 통 예 금 (신 한)   3,500,000   (대) 당기손익-공정가치측정금융자산   3,750,000 ⇒ [일반전표입력][대체전표]
　　　　　　　　　당기손익-공정가치측정금융자산처분손실   250,000

7 12월 18일 (차) 비   품   1,200,000   (대) 미지급금(비씨카드)   1,200,000 ⇒ [일반전표입력][대체전표]

8 12월 26일 (차) 받 을 어 음 (부 산)   44,000,000   (대) 상 품 매 출   40,000,000 ⇒ [판매등록]
　　　　　　　　　　　　　　　　　　　　　부 가 가 치 세 예 수 금   4,000,000

9 12월 28일 (차) 현 금 과 부 족   70,000   (대) 현   금   70,000 ⇒ [일반전표입력][출금전표]

문제 03 결산작업

1 12월 31일 (차) 임 대 료 500,000 (대) 선 수 수 익 500,000 ⇒ [일반전표입력][대체전표]

2 12월 31일 (차) 가 수 금 3,000,000 (대) 외 상 매 출 금 (서 울) 3,000,000 ⇒ [일반전표입력][대체전표]

3 [회계관리] → [결산관리] → [결산자료입력] → [조회] → 우측상단 [감가상각] → [결산반영]

4 [회계관리] → [결산관리] → [결산자료입력] → 우측상단 [대손상각]에서 대손율 설정을 확인하고 [결산반영]
[외상매출금 : 60,250,000 × 0.01 − 584,100 = 18,400 , 받을어음 : 154,550,000 × 0.01 − 486,750 = 1,058,750]

5 ① [영업물류] → [재고/생산관리] → [환경설정] → [재고관리방법설정] → 1.재고평가방법 [선입선출법] → [저장]
② [영업물류] → [재고/생산관리] → [재고수불부관리] → [재고수불부]에서, 조회기간(2023-01-01~2023-12-31) 재고금액
(85,500,000)을 확인한다.
③ [결산자료입력] → [기말상품재고액 입력]후 반드시 [전표추가]버튼을 클릭하여 결산전표를 생성한다.

문제 04 단답형 답안

1 영업물류 → 구매보고서 → 구매명세서 → 기간별 탭 → 수량 합계　　　　　　　　　　　　　　　　답 40
[조회기간(2023-01-01 ～ 2023-03-31), 품목(Laserjet Printer)]

2 영업물류 → 판매보고서 → 판매명세서 → 기간별 탭 → 공급가액 합계　　　　　　　　　　　　답 33,000,000
[조회기간(2023-04-01 ～ 2023-06-30), 품목(Brady Printer)]

3 회계관리 → 재무회계 → 장부관리 → 거래처원장 → 잔액　　　　　　　　　　　　　　　　답 79,200,000
[조회기간(2023-01-01 ～ 2023-06-30), 거래처코드((주)서울정보유통), 계정코드(외상매출금)]

4 회계관리 → 재무회계 → 장부관리 → 어음관리 → 지급어음 탭　　　　　　　　　　　　　답 96,250,000
[조회기간(2023-07-01 ～ 2023-09-30), 거래처((주)대구정보유통)]

5 회계관리 → 재무회계 → 장부관리 → 월계표　　　　　　　　　　　　　　　　　　　　　　　답 11
[조회기간(2023-08 ～ 2023-11)]

6 회계관리 → 재무회계 → 결산관리 → 포괄손익계산서(IFRS)　　　　　　　　　　　　　　　답 250,000
[조회기간(2023-01-01 ～ 2023-12-31)]

7 회계관리 → 재무회계 → 결산관리 → 재무상태표(IFRS)　　　　　　　　　　　　　　　　　답 7,500,000
[조회기간(2023-01-01 ～ 2023-12-31)]

기초정보 → 회사(사업장)정보관리 에서 해피뷰티(주)를 확인한다.

문제 01 기준정보

① [기초정보] → [부서정보관리]
② [기초정보] → [거래처정보관리(일반 탭)]
③ [기초정보] → [품목정보관리]
④ [회계관리] → [재무회계] → [고정자산관리] → [고정(유형/무형)자산등록]

문제 02 거래입력

① 12월1일　　(차) 비　　　　　품　3,600,000　　(대) 미 지 급 금 (용 산)　3,600,000 ⇒ [일반전표입력][대체전표]

② 12월9일　　(차) 임차보증금(미래)　5,000,000　　(대) 당 좌 예 금 (신 한)　5,700,000 ⇒ [일반전표입력][대체전표]
　　　　　　　　　　임　차　료　700,000

③ 12월12일　　(차) 예　수　금　500,000　　(대) 현　　　　　금　600,000 ⇒ [일반전표입력][대체전표]
　　　　　　　　　복 리 후 생 비　100,000

④ 12월14일　　(차) 상　　　　　품　4,500,000　　(대) 외상매입금(강남)　4,950,000 ⇒ [구매등록]
　　　　　　　　부가가치세대급금　450,000

⑤ 12월15일　　(차) 외상매출금(상록)　16,500,000　　(대) 상　품　매　출　15,000,000 ⇒ [판매등록]
　　　　　　　　　　　　　　　　　　　　　　　부가가치세예수금　1,500,000

⑥ 12월20일　　(차) 외상매입금(드림)　10,000,000　　(대) 당 좌 예 금 (신 한)　10,000,000 ⇒ [수금지급등록][지급등록]

⑦ 12월23일　　(차) 복 리 후 생 비　200,000　　(대) 미지급금(국민카드)　200,000 ⇒ [일반전표입력][대체전표]
　　　※ [기초정보]→[기준정보관리]→[거래처정보관리]→[카드]탭에 카드 등록

⑧ 12월28일　　(차) 당 좌 예 금 (신 한)　5,000,000　　(대) 외 상 매 출 금 (한 라)　5,000,000 ⇒ [일반전표입력][대체전표]

⑨ 12월30일　　(차) 당기손익-공정가치측정금융자산　3,000,000　　(대) 현　　　　　금　3,030,000 ⇒ [일반전표입력][대체전표]
　　　　　　　　　수수료비용(94600)　30,000
　　　※ 일반적인 수수료비용(83100)은 판매관리비이고, 당기손익-공정가치측정금융자산에 대한 수수료비용(94600)은 기타비용
　　　　(영업외비용)이다.

문제 03 결산작업

① 12월 31일 (차) 소   모   품   200,000   (대) 소 모 품 비   200,000 ⇒ [일반전표입력] [대체전표]

※ 합계잔액시산표에서 소모품비(1,300,000원)을 확인한다.(비용처리법)

② 12월 31일 (차) 선 급 비 용   240,000   (대) 보   험   료   240,000 ⇒ [일반전표입력] [대체전표]

③ [회계관리] → [결산관리] → [결산자료입력] → [조회] → 우측상단 [대손상각]에서 대손율 설정을 확인하고

[외상매출금 : 144,700,000 × 0.01 − 700,000 = 747,000, 받을어음 : 39,000,000 × 0.01 − 0 = 390,000]

단기대여금 금액은 삭제하고 [결산반영]

④ [회계관리] → [결산관리] → [결산자료입력] → 우측상단 [감가상각] → [결산반영]

⑤ ① [영업물류] → [재고/생산관리] → [환경설정] → [재고관리방법설정] → 1.재고평가방법 [선입선출법] → [저장]

② [영업물류] → [재고/생산관리] → [재고수불부관리] → [재고수불부]에서, 조회기간(2023−01−01∼2023−12−31) 재고금액
(43,200,000)을 확인한다.

③ [결산자료입력] → [기말상품재고액 입력]후 반드시 [전표추가]버튼을 클릭하여 결산전표를 생성한다.

문제 04 단답형 답안

① 회계관리 → 재무회계 → 결산관리 → 합계잔액시산표 → 대변   🖹 61,000,000
[조회기간(2023−01−01 ∼ 2023−04−30)]

② 회계관리 → 재무회계 → 결산관리 → 합계잔액시산표 → 차변(또는 월계표)   🖹 560,000
[조회기간(2023−01−01 ∼ 2023−06−30)]

③ 회계관리 → 재무회계 → 결산관리 → 합계잔액시산표 → 차변 잔액   🖹 115,500,000
[조회기간(2023−01−01 ∼ 2023−07−31)]

④ 회계관리 → 재무회계 → 장부관리 → 거래처원장 → 잔액   🖹 30,300,000
[조회기간(2023−01−01 ∼ 2023−09−30), 거래처((주)드림화장품), 계정과목(외상매입금)]

⑤ 영업물류 → 재고/생산관리 → 재고관리 → 품목별재고현황 → 조회   🖹 700
[조회기간(2023−11−19), 검색(향수)]

⑥ 회계관리 → 재무회계 → 결산관리 → 포괄손익계산서(IFRS)   🖹 970,000
[조회기간(2023−01−01 ∼ 2023−12−31)]

⑦ 회계관리 → 재무회계 → 결산관리 → 재무상태표(IFRS)   🖹 139,640,000
[조회기간(2023−01−01 ∼ 2023−12−31)]

07회 모의고사_사랑가전(주)

기초정보 → 회사(사업장)정보관리 에서 사랑가전(주)을 확인한다.

문제 01 기준정보

1 [기초정보] → [품목정보관리]
2 [기초정보] → [부서정보관리]
3 [기초정보] → [거래처정보관리(일반 탭)]
4 [회계관리] → [재무회계] → [고정자산관리] → [고정(유형/무형)자산등록]

문제 02 거래입력

1 12월 1일 (차) 차 량 운 반 구 5,000,000 (대) 보통예금(신한) 2,000,000 ⇒ [일반전표입력][대체전표]
　　　　　　　　　　　　　　　　　　　　　　　　　 미지급금(달려) 3,000,000

2 ① [수금지급등록] → [수납등록] (차) 보통예금 1,500,000 (대) 선수금(서울) 1,500,000
　 ② [회계관리] → [재무회계] → [전표입력] → [일반전표입력]에서 '보통예금'을 '가수금'으로 변경
　 12월 2일 (차) 가　　수　　금 1,500,000 (대) 선 수 금 (서울) 1,500,000 ⇒ [일반전표입력][대체전표]
　 ※ 선수금 처리는 [수금지급등록] 메뉴에서 처리해야 한다. [일반전표입력]에서 직접 회계전표 처리하면 상품매출시 [선수금대체]
　　 에 조회되지 않는 문제 발생한다.(일반전표 입력도 정답으로 인정)

3 12월 13일 (차) 당좌예금(국민) 20,000,000 (대) 받을어음(서울) 20,000,000 ⇒ [일반전표입력][대체전표]
　 ※ [받을어음상태변경]에서 만기일(2023-12-13 ~ 2023-12-13)을 조회하여, 어음 선택하고 처리구분 [결제]로 변경 후 결제
　　 금액(당좌예금)을 선택한다.

4 12월14일 (차) 상　　　　　품 7,500,000 (대) 보통예금(신한) 3,000,000 ⇒ [구매등록]
　　　　　　　　 부가가치세대급금 750,000 　　　 외상매입금(국화) 5,250,000

5 12월 18일 (차) 받을어음(광주) 10,000,000 (대) 상 품 매 출 20,000,000 ⇒ [판매등록]
　　　　　　　　 외상매출금(광주) 12,000,000 　　　 부가가치세예수금 2,000,000

6 12월 20일 (차) 장기차입금(하나) 5,000,000 (대) 현　　　　　금 5,100,000 ⇒ [일반전표입력][대체전표]
　　　　　　　　 이 자 비 용 100,000

7 12월 21일 (차) 보통예금(신한) 10,000,000 (대) 외상매출금(서울) 10,000,000 ⇒ [수금지급등록][수납등록]

8 12월 22일 (차) 광 고 선 전 비 2,000,000 (대) 미지급금(농협) 2,000,000 ⇒ [일반전표입력][대체전표]

9 12월 27일 (차) 차 량 유 지 비 250,000 (대) 현　　　　　금 250,000 ⇒ [일반전표입력][출금전표]
　 ※ 차량의 정기주차요금은 차량유지비계정이고, 1회성 주차요금은 여비교통비계정으로 처리 한다.

문제 03 결산작업

1 12월 31일 (차) 당기손익-공정가치   400,000   (대) 당기손익-공정가치   400,000 ⇒ [일반전표입력][대체전표]
　　　　　　　　　측 정 금 융 자 산　　　　　　　　　　　측정금융자산평가이익

　※ 합계잔액시산표에서 당기손익-공정가치측정금융자산(₩1,600,000) 장부금액을 확인한다.

2 12월 31일 (차) 임　　대　　료   1,000,000   (대) 선　수　수　익   1,000,000 ⇒ [일반전표입력][대체전표]

3 [회계관리] → [결산관리] → [결산자료입력] → [조회] → 우측상단 [대손상각]에서 대손율 설정을 확인하고
　[외상매출금 : 114,000,000 × 0.01 − 300,000 = 840,000　　받을어음 : 32,500,000 × 0.01 − 0 = 325,000]
　단기대여금, 선급금 금액은 삭제하고 [결산반영]

4 [회계관리] → [결산관리] → [결산자료입력] → 우측상단 [감가상각] → [결산반영]

5 ① [영업물류] → [재고/생산관리] → [환경설정] → [재고관리방법설정] → 1.재고평가방법 [선입선출법] → [저장]
　② [영업물류] → [재고/생산관리] → [재고수불부관리] → [재고수불부]에서, 조회기간(2023-01-01~2023-12-31) 재고금액
　　(25,500,000)을 확인한다.
　③ [결산자료입력] → [기말상품재고액 입력]후 반드시 [전표추가]버튼을 클릭하여 결산전표를 생성한다.

문제 04 단답형 답안

1 회계관리 → 재무회계 → 결산관리 → 합계잔액시산표 → 대변　　　　　　　　　　答 8,689,000
　[조회기간(2023-01-01 ~ 2023-03-31)]

2 회계관리 → 재무회계 → 결산관리 → 합계잔액시산표 → 대변　　　　　　　　　　答 33,000,000
　[조회기간(2023-01-01 ~ 2023-04-30)]

3 회계관리 → 재무회계 → 결산관리 → 합계잔액시산표 → 대변 잔액　　　　　　　　答 27,000,000
　[조회기간(2023-01-01 ~ 2023-09-30)]

4 회계관리 → 재무회계 → 장부관리 → 거래처원장 → 잔액　　　　　　　　　　　　答 48,750,000
　[조회기간(2023-01-01 ~ 2023-10-31), 거래처((주)서울), 계정과목(외상매출금)]

5 영업물류 → 재고/생산관리 → 재고수불부관리 → 재고수불부　　　　　　　　　　答 90
　[조회기간(2023-01-01 ~ 2023-11-30), 검색(분쇄기)]

6 회계관리 → 재무회계 → 결산관리 → 포괄손익계산서(IFRS)　　　　　　　　　　答 137,000,000
　[조회기간(2023-01-01 ~ 2023-12-31)]

7 회계관리 → 재무회계 → 결산관리 → 재무상태표(K-IFRS)　　　　　　　　　　答 303,397,000
　[조회기간(2023-01-01 ~ 2023-12-31)]

기초정보 → 회사(사업장)정보관리 에서 스마일뷰티(주)를 확인한다.

문제 01 기준정보

① [기초정보] → [품목정보관리]
② [기초정보] → [부서정보관리]
③ [기초정보] → [거래처정보관리(일반 탭)]
④ [기초정보] → [거래처정보관리(금융 탭)]

문제 02 거래입력

① 12월2일 (차) 비   품   600,000   (대) 미 지 급 금 (일 등)   600,000 ⇒[일반전표입력][대체전표]
※[기초정보]→[기준정보관리]→[거래처정보관리]에거래처등록
※[회계관리]→[고정자산관리]→[고정(유형/무형)자산등록]에비품등록

② 12월4일 (차) 정 기 적 금 (우 리) 3,000,000   (대) 현   금 3,000,000 ⇒[일반전표입력][출금전표]

③ 12월5일 (차) 이 자 비 용   600,000   (대) 보 통 예 금 (국 민)   600,000 ⇒[일반전표입력][대체전표]

④ 12월13일 (차) 받 을 어 음 (백 두) 15,000,000   (대) 외 상 매 출 금 (백 두) 15,000,000 ⇒[수금지급등록][수납등록]

⑤ 12월14일 (차) 상   품 12,000,000   (대) 외 상 매 입 금 (드 림) 13,200,000 ⇒[구매등록]
부가가치세대급금 1,200,000

⑥ 12월18일 (차) 외상매출금(백두) 18,700,000   (대) 상   품   매   출 17,000,000 ⇒[판매등록]
부 가 가 치 세 예 수 금 1,700,000

⑦ 12월24일 (차) 당 좌 예 금 (신 한) 5,990,000   (대) 당기손익-공정가치측정금융자산 3,000,000 ⇒[일반전표입력][대체전표]
당기손익-공정가치측정금융자산처분이익 2,990,000

⑧ 12월26일 (차) 현   금   500,000   (대) 선 수 금 (상 록)   500,000 ⇒[수금지급등록][수납등록]

⑨ 12월27일 (차) 접   대   비   200,000   (대) 현   금   270,000 ⇒[일반전표입력][대체전표]
세 금 과 공 과   70,000

문제 03 결산작업

■ 12월 31일 (차) 선 급 비 용   240,000   (대) 보 험 료   240,000 ⇒ [일반전표입력][대체전표]
   ※ 합계잔액시산표의 보험료를 더블클릭하여 5월 1일에 지급된 보험료 720,000원(1년분)을 확인한다.
   720,000 ÷ 12 × 4(선급분) = 240,000

■ 12월 31일 (차) 소 모 품   120,000   (대) 소 모 품 비   120,000 ⇒ [일반전표입력][대체전표]

■ [회계관리] → [결산관리] → [결산자료입력] → [조회] → 우측상단 [대손상각]에서 대손율 설정을 확인하고,
   [외상매출금 : 136,900,000 × 0.01 − 700,000 = 669,000 받을어음 : 54,000,000 × 0.01 − 0 = 540,000]
   단기대여금 금액은 삭제하고 [결산반영]

■ [회계관리] → [결산관리] → [결산자료입력] → 우측상단 [감가상각] → [결산반영]

■ ① [영업물류] → [재고/생산관리] → [환경설정] → [재고관리방법설정] → 1.재고평가방법 [선입선출법] → [저장]
   ② [영업물류] → [재고/생산관리] → [재고수불부관리] → [재고수불부]에서, 조회기간(2023-01-01~2023-12-31) 재고금액
   (48,700,000)을 확인한다.
   ③ [결산자료입력] → [기말상품재고액 입력]후 반드시 [전표추가]버튼을 클릭하여 결산전표를 생성한다.

문제 04 단답형 답안

■ 회계관리 → 재무회계 → 장부관리 → 거래처원장 → 차변 합계   🖹 25,000,000
   [조회기간(2023-01-01 ~ 2023-10-31), 거래처코드((주)알파화장품), 계정코드(외상매입금)]

■ 회계관리 → 재무회계 → 결산관리 → 합계잔액시산표 → 차변 합계(또는 월계표 기간합계탭)   🖹 52,000,000
   [조회기간(2023-03-01 ~ 2023-09-30)]

■ 회계관리 → 재무회계 → 장부관리 → 거래처원장 → 잔액   🖹 31,500,000
   [조회기간(2023-01-01 ~ 2023-08-31), 거래처코드(백두화장품(주)), 계정코드(외상매출금)]

■ 회계관리 → 재무회계 → 결산관리 → 합계잔액시산표 → 차변 잔액(또는 현금출납장)   🖹 47,160,000
   [조회기간(2023-01-01 ~ 2023-10-10)]

■ 영업물류 → 재고/생산관리 → 재고관리 → 품목별재고현황 → 조회   🖹 250
   [일자(2023-11-30), 검색(보습젤)]

■ 회계관리 → 재무회계 → 결산관리 → 포괄손익계산서(K-IFRS)   🖹 189,000,000
   [조회기간(2023-01-01 ~ 2023-12-31)]

■ 회계관리 → 재무회계 → 결산관리 → 재무상태표(K-IFRS)   🖹 460,339,000
   [조회기간(2023-01-01 ~ 2023-12-31)]

기초정보 → 회사(사업장)정보관리 에서 나라자전거(주)를 확인한다.

문제 01 기준정보

1 [기초정보] → [거래처정보관리(일반 탭)]
2 [회계관리] → [재무회계] → [고정자산관리] → [고정(유형/무형)자산등록]
3 [기초정보] → [품목정보관리]
4 [기초정보] → [부서정보관리]

문제 02 거래입력

1 12월 4일 (차) 비   품   1,200,000   (대) 보통예금(기업)   1,200,000 ⇒ [일반전표입력][출금전표]

2 12월 6일 (차) 교 육 훈 련 비   1,000,000   (대) 예   수   금   44,000 ⇒ [일반전표입력][대체전표]
                                        현   금   956,000

3 12월 8일 (차) 상   품   20,000,000   (대) 외상매입금(이륜)   22,000,000 ⇒ [구매등록]
            부가가치세대급금   2,000,000

4 12월 11일 (차) 보통예금(기업)   5,000,000   (대) 선 수 금(오천)   5,000,000 ⇒ [수금지급등록][수납등록]

5 12월 13일 (차) 당좌예금(신한)   13,200,000   (대) 받을어음(한국)   13,200,000 ⇒ [일반전표입력][대체전표]
   ※ [받을어음상태변경]에서 만기일(2023-12-13 ~ 2023-12-13)을 조회하여, 어음 선택하고 처리구분 [결제]로 변경 후
     결제금액(당좌예금)을 선택한다.

6 12월 15일 (차) 받을어음(고려)   33,000,000   (대) 상 품 매 출   30,000,000 ⇒ [판매등록]
                                        부가가치세예수금   3,000,000

7 12월 18일 (차) 기타포괄손익-공정가치 18,000,000   (대) 보통예금(기업)   18,000,000 ⇒ [일반전표입력][대체전표]
            측정금융자산(비유동)

8 12월 22일 (차) 유동성장기부채   30,000,000   (대) 장 기 차 입 금   30,000,000 ⇒ [일반전표입력][대체전표]
            (신 한 캐 피 탈)   (신 한 캐 피 탈)
            이 자 비 용   150,000   현   금   150,000

9 12월 26일 (차) 접   대   비   850,000   (대) 미지급금(KB카드)   850,000 ⇒ [일반전표입력][대체전표]

문제 **03** 결산작업

1 12월 31일 (차) 이 자 비 용　　　　480,000　　　　(대) 미 지 급 비 용　　　　480,000 ⇒ [일반전표입력][대체전표]

2 12월 31일 (차) 당기손익－공정가치　　7,500,000　　　(대) 당기손익－공정가치　　7,500,000 ⇒ [일반전표입력][대체전표]
　　　　　　　　측 정 금 융 자 산　　　　　　　　　　측정금융자산평가이익

3 [회계관리] → [결산관리] → [결산자료입력] → [조회] → 우측상단 [대손상각]에서 대손율 설정을 확인하고,
　　[외상매출금 : 431,000,000 × 0.01 - 1,503,000 = 2,807,000　받을어음 : 33,000,000 × 0.01 - 74,000 = 256,000]
　　단기대여금, 미수수익, 미수금 금액은 삭제하고 [결산반영]

4 [회계관리] → [결산관리] → [결산자료입력] → 우측상단 [감가상각] → [결산반영]

5 ① [영업물류] → [재고/생산관리] → [환경설정] → [재고관리방법설정] → 1.재고평가방법 [선입선출법] → [저장]
　　② [영업물류] → [재고/생산관리] → [재고수불부관리] → [재고수불부]에서, 조회기간(2023-01-01~2023-12-31) 재고금액
　　　 (167,800,000)을 확인한다.
　　③ [결산자료입력] → [기말상품재고액 입력]후 반드시 [전표추가]버튼을 클릭하여 결산전표를 생성한다.

문제 **04** 단답형 답안

1 회계관리 → 재무회계 → 장부관리 → 월계표 → 기간합계 탭　　　　　　　　　　　　　　　🖉 986,000,000
　　[조회기간(2023-01 ~ 2023-05]

2 회계관리 → 재무회계 → 장부관리 → 총계정원장 → 월별　　　　　　　　　　　　　　　　　　🖉 1
　　[조회기간(2023-01 ~ 2023-06), 계정과목(상품매출)]

3 회계관리 → 재무회계 → 장부관리 → 월계표　　　　　　　　　　　　　　　　　　　　　　🖉 25,000,000
　　[조회기간(2023-02 ~ 2023-02)]

4 영업물류 → 재고/생산관리 → 재고수불부관리 → 재고수불부　　　　　　　　　　　　　　　🖉 110
　　[조회기간(2023-01-01 ~ 2023-07-15, 도로형자전거(100) + 산악용자전거(10) = 110]

5 회계관리 → 재무회계 → 장부관리 → 계정별거래처잔액명세서　　　　　　　　　　　　　　🖉 220,700,000
　　[조회기간(2023-01-01 ~ 2023-09-30), 거래처(공란 ~ 공란), 계정과목(외상매입금)]

6 회계관리 → 재무회계 → 결산관리 → 포괄손익계산서(K-IFRS)　　　　　　　　　　　　　　🖉 7,500,000
　　[조회기간(2023-01-01 ~ 2023-12-31)]

7 회계관리 → 재무회계 → 결산관리 → 재무상태표(K-IFRS)　　　　　　　　　　　　　　　　🖉 518,243,500
　　[조회기간(2023-01-01 ~ 2023-12-31)], 유동자산(918,043,600) - 유동부채(399,800,100) = 518,243,500]

기초정보 → 회사(사업장)정보관리 에서 상공화장품(주)를 확인한다.

문제 01   기준정보

1 [기초정보] → [부서정보관리]
2 [기초정보] → [품목정보관리]
3 [기초정보] → [거래처정보관리(일반 탭)]
4 [기초정보] → [거래처정보관리(금융 탭)]

문제 02   거래입력

1 12월2일   (차) 당 좌 예 금 (신 한)   5,000,000   (대) 외상매출금 (상록)   5,000,000 ⇒ [수금지급등록][수납등록]

2 12월3일   (차) 차 량 운 반 구   6,000,000   (대) 당 좌 예 금 (신 한)   6,000,000 ⇒ [일반전표입력][대체전표]
　 ※ [회계관리] → [재무회계] → [고정자산관리] → [고정(유형/무형)자산등록]에 차량운반구 등록

3 12월4일   (차) 상   품   12,500,000   (대) 외상매입금(드림) 13,750,000 ⇒ [구매등록]
　 부가가치세대급금   1,250,000

4 12월5일   (차) 토   지   31,000,000   (대) 보 통 예 금 (국 민) 31,000,000 ⇒ [일반전표입력][대체전표]

5 12월9일   (차) 외상매입금(드림)   2,000,000   (대) 지 급 어 음 (드 림)   2,000,000 ⇒ [수금지급등록][지급등록]

6 12월12일   (차) 외상매출금(한라) 29,920,000   (대) 상   품   매   출 27,200,000 ⇒ [판매등록]
　 부가가치세예수금   2,720,000

7 12월17일   (차) 지 급 어 음 (알 파) 20,000,000   (대) 당 좌 예 금 (신 한) 20,000,000 ⇒ [일반전표입력][대체전표]
　 ※ [지급어음상태변경]에서 만기일(2023-12-17 ~ 2023-12-17)을 조회하여 어음을 선택한다.

8 12월23일   (차) 정 기 예 금 (기 업)   3,000,000   (대) 현   금   3,000,000 ⇒ [일반전표입력][출금전표]

9 12월27일   (차) 복 리 후 생 비   250,000   (대) 현   금   450,000 ⇒ [일반전표입력][대체전표]
　 접   대   비   200,000

문제 **03** 결산작업

1 12월 31일 (차) 소 모 품   800,000   (대) 소 모 품 비   800,000 ⇒ [일반전표입력[대체전표]
   ※ 합계잔액시산표에서 소모품비(₩1,300,000)을 확인한다.(비용처리법)
   소모품비(₩1,300,000)에서 사용액(₩500,000)을 차감한 미사용액(₩800,000)을 소모품(미사용액)계정으로 대체한다.

2 12월 31일 (차) 당기손익-공정가치측정금융자산 500,000   (대) 당기손익-공정가치측정금융자산평가이익 500,000 ⇒ [일반전표입력][대체전표]
   ※ 합계잔액시산표에서 당기손익-공정가치측정금융자산(₩5,000,000) 장부금액을 확인한다.

3 [회계관리] → [결산관리] → [결산자료입력] → [조회] → 우측상단 [대손상각]에서 대손율 설정을 확인하고,
   [외상매출금 : 158,120,000 × 0.01 − 700,000 = 881,200 받을어음 : 39,000,000 × 0.01 − 0 = 390,000]
   단기대여금 금액은 삭제하고 [결산반영]

4 [회계관리] → [결산관리] → [결산자료입력] → 우측상단 [감가상각] → [결산반영]

5 ① [영업물류] → [재고/생산관리] → [환경설정] → [재고관리방법설정] → 1.재고평가방법 [선입선출법] → [저장]
   ② [영업물류] → [재고/생산관리] → [재고수불부관리] → [재고수불부]에서, 조회기간(2023-01-01~2023-12-31) 재고금액
   (44,100,000)을 확인한다.
   ③ [결산자료입력] → [기말상품재고액 입력]후 반드시 [전표추가]버튼을 클릭하여 결산전표를 생성한다.

문제 **04** 단답형 답안

1 회계관리 → 재무회계 → 장부관리 → 월계표   답 6
   [조회기간(2023-04 ~ 2023-09)]

2 회계관리 → 재무회계 → 결산관리 → 합계잔액시산표 → 차변 잔액   답 18,958,000
   [조회기간(2023-01-01 ~ 2023-10-31)]]

3 영업물류 → 재고/생산관리 → 재고관리 → 품목별재고현황 → 상세조회   답 400
   [조회기간(2023-12-31), 검색(로션)]

4 회계관리 → 재무회계 → 결산관리 → 합계잔액시산표 → 대변   답 68,940,000
   [조회기간(2023-04-01 ~ 2023-09-30)]

5 회계관리 → 재무회계 → 장부관리 → 거래처원장   답 38,210,000
   [일자(2020-01-01 ~ 2023-10-31), 거래처코드((주)강남화장품), 계정코드(외상매입금)]

6 회계관리 → 재무회계 → 결산관리 → 포괄손익계산서(K-IFRS)   답 117,278,800
   [조회기간(2023-01-01 ~ 2023-12-31)]

7 회계관리 → 재무회계 → 결산관리 → 재무상태표(K-IFRS)   답 70,000,000
   [조회기간(2023-01-01 ~ 2023-12-31)]

기초정보 → 회사(사업장)정보관리 에서 대명화장품(주)를 확인한다.

문제 01 기준정보

1 [기초정보] → [거래처정보관리(일반 탭)]
2 [회계관리] → [재무회계] → [고정자산관리] → [고정(유형/무형)자산등록]
3 [기초정보] → [품목정보관리]
4 [기초정보] → [부서정보관리]

문제 02 거래입력

1 12월2일   (차) 종 업 원 급 여   5,000,000   (대) 예   수   금   450,000 ⇒ [일반전표입력][대체전표]
                                                    보 통 예 금 (국 민) 4,550,000

2 12월5일   (차) 당기손익-공정가치측정금융자산 7,500,000   (대) 현   금   7,530,000 ⇒ [일반전표입력][대체전표]
                  수수료비용(94600)   30,000
   ※ 일반적인 수수료비용(83100)은 판매관리비이고, 당기손익-공정가치측정금융자산에 대한 수수료비용(94600)은 기타비
      용(영업외비용)이다.

3 12월8일   (차) 상   품   9,000,000   (대) 현   금   5,000,000 ⇒ [구매등록]
                  부가가치세대급금   900,000   외상매입금(드림) 4,900,000

4 12월10일   (차) 비   품   3,500,000   (대) 미 지 급 금 (용 산) 3,500,000 ⇒ [일반전표입력][대체전표]

5 12월12일   (차) 보통예금(국민) 10,150,000   (대) 단기대여금(상록) 10,000,000 ⇒ [일반전표입력][대체전표]
                                                    이   자   수   익   150,000

6 12월16일   (차) 받 을 어 음 (한 라) 20,000,000   (대) 상   품   매   출 24,000,000 ⇒ [판매등록]
                  외상매출금(한라) 6,400,000   부가가치세예수금   2,400,000

7 12월17일   (차) 지 급 어 음 (알 파) 20,000,000   (대) 당 좌 예 금 (신 한) 20,000,000 ⇒ [일반전표입력][대체전표]
   ※ [지급어음상태변경]에서 만기일(2023-12-17 ~ 2023-12-17)을 조회하여 어음을 선택한다.

8 12월19일   (차) 정 기 예 금 (우 리) 1,000,000   (대) 현   금   1,000,000 ⇒ [일반전표입력][출금전표]
   ※ [기초정보] → [기준정보관리] → [거래처정보관리(금융 탭)]에 정기예금 등록

9 12월30일   (차) 차 량 유 지 비   220,000   (대) 현   금   300,000 ⇒ [일반전표입력][출금전표]
                  세 금 과 공 과   80,000

문제 03 결산작업

1 12월 31일 (차) 선 급 비 용   240,000   (대) 보   험   료   240,000 ⇒ [일반전표입력][대체전표]

2 12월 31일 (차) 잡   손   실   30,000   (대) 현   금   30,000 ⇒ [일반전표입력][대체전표]

3 [회계관리] → [결산관리] → [결산자료입력] → [조회] → 우측상단 [대손상각]에서 대손율 설정을 확인하고 [결산반영]
　　[외상매출금 : 139,600,000 × 0.01 − 700,000 = 696,000 받을어음 : 59,000,000 × 0.01 − 0 = 590,000]

4 [회계관리] → [결산관리] → [결산자료입력] → 우측상단 [감가상각] → [결산반영]

5 ① [영업물류] → [재고/생산관리] → [환경설정] → [재고관리방법설정] → 1.재고평가방법 [선입선출법] → [저장]
　　② [영업물류] → [재고/생산관리] → [재고수불부관리] → [재고수불부]에서, 조회기간(2023−01−01~2023−12−31) 재고금액
　　　(42,200,000)을 확인한다.
　　③ [결산자료입력] → [기말상품재고액 입력]후 반드시 [전표추가]버튼을 클릭하여 결산전표를 생성한다.

문제 04 단답형 답안

1 회계관리 → 재무회계 → 장부관리 → 현금출납장 → 출금액(또는 합계잔액시산표)　　　　　　　　閏 57,950,000
　　[조회기간(2023−01−01 ∼ 2023−05−31)]

2 영업물류 → 재고/생산관리 → 구매보고서 → 구매명세서　　　　　　　　　　　　　　　　　　閏 1,400
　　[조회기간(2023−01−01 ∼ 2023−06−30), 검색(로션)]

3 회계관리 → 재무회계 → 장부관리 → 거래처원장 → 차변(또는 계정별거래처잔액명세서)　　　閏 5,000,000
　　[조회기간(2023−01−02 ∼ 2023−06−30), 거래처코드((주)알파화장품), 계정코드(외상매입금)]

4 회계관리 → 재무회계 → 결산관리 → 합계잔액시산표 → 차변 잔액　　　　　　　　　　　　　閏 80,820,000
　　[조회기간(2023−01−01 ∼ 2023−07−31)]

5 회계관리 → 재무회계 → 장부관리 → 월계표(또는 합계잔액시산표)　　　　　　　　　　　　　閏 6,800,000
　　[조회기간(2023−10 ∼ 2023−10)]

6 회계관리 → 재무회계 → 결산관리 → 포괄손익계산서(IFRS)　　　　　　　　　　　　　　　　閏 122,000
　　[조회기간(2023−01−01 ∼ 2023−12−31)]

7 회계관리 → 재무회계 → 결산관리 → 재무상태표(IFRS)　　　　　　　　　　　　　　　　　　閏 43,500,000
　　[조회기간(2023−01−01 ∼ 2023−12−31)]

기초정보 → 회사(사업장)정보관리 에서 한양가전(주)을 확인한다.

문제 01 기준정보

1 [회계관리] → [재무회계] → [고정자산관리] → [고정(유형/무형)자산등록]
2 [기초정보] → [거래처정보관리(일반 탭)]
3 [기초정보] → [부서정보관리]
4 [기초정보] → [품목정보관리]

문제 02 거래입력

1 12월 1일 (차) 비   품   2,000,000   (대) 보통예금(신한)   1,000,000 ⇒ [일반전표입력][대체전표]
                                                        미지급금(농협)   1,000,000

2 12월 4일 (차) 교 육 훈 련 비   100,000   (대) 현 금 과 부 족   150,000 ⇒ [일반전표입력][대체전표]
                    도 서 인 쇄 비   50,000

3 12월 5일 (차) 상   품   18,000,000   (대) 지급어음(수국)   10,000,000 ⇒ [구매등록]
                    부가가치세대급금   1,800,000   외상매입금(수국)   9,800,000

4 12월 7일 (차) 현   금   3,000,000   (대) 외상매출금(광주)   3,000,000 ⇒ [수금지급등록][수납등록]

5 12월 13일 (차) 선 수 금 (서 울)   3,000,000   (대) 상 품 매 출   8,400,000 ⇒ [판매등록]
                    외상매출금(서울)   6,240,000   부가가치세예수금   840,000

6 12월 15일 (차) 당기손익－공정가치   1,600,000   (대) 당좌예금(국민)   1,620,000 ⇒ [일반전표입력][대체전표]
                    측 정 금 융 자 산
                    수 수 료 비 용   20,000
                    (9 4 6 0 0)

  ※ 일반적인 수수료비용(83100)은 판매관리비이고, 당기손익－공정가치측정금융자산에 대한 수수료비용(94600)은 기타비용
    (영업외비용)이다.

7 12월 20일 (차) 종 업 원 급 여   3,100,000   (대) 예   수 금   310,000 ⇒ [일반전표입력][대체전표]
                                                        보통예금(신한)   2,790,000

8 12월 22일 (차) 지급어음(장미)   12,000,000   (대) 보통예금(신한)   12,000,000 ⇒ [일반전표입력][대체전표]
  ※ [지급어음상태변경]에서 만기일(2023-12-22 ～ 2023-12-22)을 조회하여 어음을 선택한다.

9 12월 26일 (차) 복 리 후 생 비   500,000   (대) 미지급금(농협)   800,000 ⇒ [일반전표입력][대체전표]
                    접 대 비   300,000

문제 `03` 결산작업

1 12월 31일 (차) 선 급 비 용　　280,000　　(대) 보　　험　　료　　280,000 ⇒ [일반전표입력][대체전표]

2 12월 31일 (차) 소　　모　　품　　70,000　　(대) 소 모 품 비　　70,000 ⇒ [일반전표입력][대체전표]

3 [회계관리] → [결산관리] → [결산자료입력] → [조회] → 우측상단 [대손상각]에서 대손율 설정을 확인하고,
　　[외상매출금 : 115,240,000 × 0.01 − 300,000 = 852,400 받을어음 : 42,500,000 × 0.01 − 0 = 425,000]
　　단기대여금과 선급금 금액은 삭제하고 [결산반영]

4 [회계관리] → [결산관리] → [결산자료입력] → 우측상단 [감가상각] → [결산반영]

5 ① [영업물류] → [재고/생산관리] → [환경설정] → [재고관리방법설정] → 1.재고평가방법 [선입선출법] → [저장]
　　② [영업물류] → [재고/생산관리] → [재고수불부관리] → [재고수불부]에서, 조회기간(2023-01-01~2023-12-31) 재고금액
　　　 (42,500,000)을 확인한다.
　　③ [결산자료입력] → [기말상품재고액 입력]후 반드시 [전표추가]버튼을 클릭하여 결산전표를 생성한다.

문제 `04` 단답형 답안

1 회계관리 → 재무회계 → 장부관리 → 현금출납장 → 출금액(또는 합계잔액시산표)　　　　🖩 2,422,000
　　[조회기간(2023-01-01 ~ 2023-04-30)]

2 회계관리 → 재무회계 → 결산관리 → 합계잔액시산표 → 대변　　　　🖩 20,000,000
　　[조회기간(2023-01-01 ~ 2023-05-31)]

3 영업물류 → 재고/생산관리 → 재고수불부관리 → 재고수불부　　　　🖩 270
　　[조회기간(2023-01-01 ~ 2023-06-30)]

4 회계관리 → 재무회계 → 장부관리 → 거래처원장 → 잔액　　　　🖩 22,000,000
　　[조회기간(2023-01-02 ~ 2023-09-30), 거래처코드(광주(주)), 계정코드(외상매출금)]

5 회계관리 → 재무회계 → 결산관리 → 합계잔액시산표　　　　🖩 66,905,000
　　[조회기간(2023-01-01 ~ 2023-11-30), 외상매입금(49,905,000) + 지급어음(17,000,000) = 매입채무(66,905,000)]

6 회계관리 → 재무회계 → 결산관리 → 포괄손익계산서(IFRS)　　　　🖩 49,820,733
　　[조회기간(2023-01-01 ~ 2023-12-31)]

7 회계관리 → 재무회계 → 결산관리 → 재무상태표(IFRS)　　　　🖩 74,797,000
　　[조회기간(2023-01-01 ~ 2023-12-31)]

01회 최신기출문제_나우앤컴(주)

기초정보 → 회사(사업장)정보관리 에서 나우앤컴(주)를 확인한다.

문제 01 기준정보

1 [기초정보] → [거래처정보관리(일반 탭)]
2 [회계관리] → [재무회계] → [고정자산관리] → [고정(유형/무형)자산등록]
3 [기초정보] → [품목정보관리]
4 [기초정보] → [부서정보관리]

문제 02 거래입력

1 12월4일   (차)비   품 1,400,000 (대)현   금 1,400,000 ⟹[일반전표입력][출금전표]

2 12월6일   (차)교 육 훈 련 비 1,000,000 (대)예   수   금   88,000 ⟹[일반전표입력][대체전표]
                                                        현   금   912,000

3 12월8일   (차)유 동 성 장 기 부 채 (우 리) 50,000,000 (대)보 통 예 금 (신 한) 50,250,000 ⟹[일반전표입력][대체전표]
                이   자   비   용   250,000

4 12월10일   (차)기   부   금   850,000 (대)현   금   850,000 ⟹[일반전표입력][출금전표]

5 12월11일   (차)보 통 예 금 (신 한) 5,000,000 (대)선 수 금 (광 주) 5,000,000 ⟹[수금지급등록][수납등록]

6 12월13일   (차)상   품 21,000,000 (대)외상매입금(대전) 23,100,000 ⟹[구매등록]
                부 가 가 치 세 대 급 금 2,100,000

7 12월17일   (차)받 을 어 음 (광 주) 22,000,000 (대)상 품 매 출 20,000,000 ⟹[판매등록]
                                                        부가가치세예수금 2,000,000

8 12월20일   (차)기타포괄손익·공정가치측정금융자산(비유동) 18,000,000 (대)보 통 예 금 (신 한) 18,000,000 ⟹[일반전표입력][대체전표]

9 12월26일   (차)당 좌 예 금 (국 민) 19,250,000 (대)받 을 어 음 (부 산) 19,250,000 ⟹[일반전표입력][대체전표]

※ [받을어음상태변경]에서 만기일(2023-12-26~2023-12-26)을 조회하여, 어음 선택하고 처리구분 [결제]로 변경 후 결제금액
(당좌예금)을 선택한다.

문제 03 결산작업

1 12월 31일 (차) 이 자 비 용   1,600,000   (대) 미 지 급 비 용   1,600,000 ⇒ [일반전표입력][대체전표]

2 12월 31일 (차) 당기손익-공정가치측정금융자산   750,000   (대) 당기손익-공정가치측정금융자산평가이익   750,000 ⇒ [일반전표입력][대체전표]
   ※ 합계잔액시산표에서 당기손익-공정가치측정금융자산(11,250,000)을 확인한다.

3 [회계관리] → [결산관리] → [결산자료입력] → [조회] → 우측상단 [감가상각] → [결산반영]

4 [회계관리] → [결산관리] → [결산자료입력] → 우측상단 [대손상각]에서 대손율 설정을 확인하고 [결산반영]
   [외상매출금 : 63,250,000 × 0.01 − 584,100 = 48,400 , 받을어음 : 113,300,000 × 0.01 − 486,750 = 646,250]
   선급금 금액은 삭제하고 [결산반영]

5 ① [영업물류] → [재고/생산관리] → [환경설정] → [재고관리방법설정] → 1.재고평가방법 [선입선출법] → [저장]
   ② [영업물류] → [재고/생산관리] → [재고수불부관리] → [재고수불부]에서, 조회기간(2023-01-01~2023-12-31) 재고금액
      (89,500,000)을 확인한다.
   ③ [결산자료입력] → [기말상품재고액 입력]후 반드시 [전표추가]버튼을 클릭하여 결산전표를 생성한다.

문제 04 단답형 답안

1 영업물류 → 구매보고서 → 구매명세서 → 기간별 탭 → 공급가액 합계   답 62,500,000
   [조회기간(2023-01-01 ~ 2023-06-30), 품목(3D Printer)]

2 영업물류 → 판매보고서 → 판매명세서 → 기간별 탭 → 수량 합계   답 60
   [조회기간(2023-01-01 ~ 2023-06-30), 거래처((주)광주정보유통), 품목(Photo Printer)]

3 회계관리 → 재무회계 → 장부관리 → 월계표 → 기간합계 탭(또는 합계잔액시산표 차변합계)   답 129,000,000
   [조회기간(2023-04 ~ 2023-06)]

4 회계관리 → 재무회계 → 장부관리 → 월계표   답 9
   [조회기간(2023-07 ~ 2023-10)]

5 회계관리 → 재무회계 → 결산관리 → 합계잔액시산표 → 대변 잔액   답 32,450,000
   [조회기간(2023-01-01 ~ 2023-11-30)]

6 회계관리 → 재무회계 → 결산관리 → 포괄손익계산서(IFRS)   답 1,850,000
   [조회기간(2023-01-01 ~ 2023-12-31)]

7 회계관리 → 재무회계 → 결산관리 → 재무상태표(IFRS)   답 707,089,440
   [조회기간(2023-01-01 ~ 2023-12-31)]

기초정보 → 회사(사업장)정보관리에서 서울화장품(주)를 확인한다.

문제 01 기준정보

① [기초정보] → [거래처정보관리(일반 탭)]
② [기초정보] → [거래처정보관리(금융 탭)]
③ [기초정보] → [부서정보관리]
④ [기초정보] → [품목정보관리]

문제 02 거래입력

① 12월3일 　(차) 당기손익-공정가치측정금융자산　10,000,000　(대) 현　　　　금 10,000,000 ⇒ [일반전표입력][출금전표]

② 12월4일 　(차) 보통예금(국민)　150,000　(대) 이 자 수 익　150,000 ⇒ [일반전표입력][대체전표]

③ 12월8일 　(차) 비　　　　품　2,000,000　(대) 보통예금(국민)　2,000,000 ⇒ [일반전표입력][대체전표]
※ [회계관리] → [재무회계] → [고정자산관리] → [고정(유형/무형)자산등록]에서 비품 등록

④ 12월11일 　(차) 상　　　　품　7,500,000　(대) 현　　　　금　4,000,000 ⇒ [구매등록]
　　　　　　　　부가가치세대급금　750,000　　　외상매입금(드림)　4,250,000

⑤ 12월13일 　(차) 정기예금(우리)　10,000,000　(대) 현　　　　금 10,000,000 ⇒ [일반전표입력][출금전표]

⑥ 12월22일 　(차) 받을어음(한라)　10,000,000　(대) 상 품 매 출 20,600,000 ⇒ [판매등록]
　　　　　　　　외상매출금(한라)　12,660,000　　　부가가치세예수금　2,060,000

⑦ 12월23일 　(차) 외상매입금(강남)　5,000,000　(대) 지급어음(강남)　5,000,000 ⇒ [일반전표입력][대체전표]

⑧ 12월24일 　(차) 종 업 원 급 여　5,500,000　(대) 보통예금(국민)　5,050,000 ⇒ [일반전표입력][대체전표]
　　　　　　　　　　　　　　　　　　　　　예　수　금　450,000

⑨ 12월28일 　(차) 차 량 유 지 비　200,000　(대) 현　　　　금　450,000 ⇒ [일반전표입력][대체전표]
　　　　　　　　세 금 과 공 과　250,000

문제 03   결산작업

1 12월 31일 (차) 임 대 료   400,000   (대) 선 수 수 익   400,000 ⇒ [일반전표입력][대체전표]

2 12월 31일 (차) 현 금   53,000   (대) 잡 이 익   53,000 ⇒ [일반전표입력][입금전표]

3 [회계관리] → [결산관리] → [결산자료입력] → [조회] → 우측상단 [감가상각] → [결산반영]

4 [회계관리] → [결산관리] → [결산자료입력] → 우측상단 [대손상각]에서 대손율 설정을 확인하고 [결산반영]
[외상매출금 : 145,860,000 × 0.01 − 700,000 = 758,600 , 받을어음 : 49,000,000 × 0.01 − 0 = 490,000]
단기대여금 금액은 삭제하고 [결산반영]

5 ① [영업물류] → [재고/생산관리] → [환경설정] → [재고관리방법설정] → 1.재고평가방법 [선입선출법] → [저장]
② [영업물류] → [재고/생산관리] → [재고수불부관리] → [재고수불부]에서, 조회기간(2023-01-01~2023-12-31) 재고금액
(42,400,000)을 확인한다.
③ [결산자료입력] → [기말상품재고액 입력]후 반드시 [전표추가]버튼을 클릭하여 결산전표를 생성한다.

문제 04   단답형 답안

1 회계관리 → 재무회계 → 결산관리 → 합계잔액시산표 → 대변 잔액   🖳 24,260,000
[조회기간(2023-01-01 ~ 2023-03-31)]

2 영업물류 → 재고/생산관리 → 재고수불부관리 → 재고수불부 → 입고수량(또는 입고내역현황)   🖳 500
[조회기간(2023-03-01 ~ 2023-05-31), 품목(향수)]

3 회계관리 → 재무회계 → 장부관리 → 거래처원장 → 잔액 (또는 계정별거래처잔액명세서)   🖳 58,400,000
[조회기간(2023-01-01 ~ 2023-06-30), 거래처(한라화장품(주)), 계정과목(외상매출금)]

4 회계관리 → 재무회계 → 장부관리 → 월계표   🖳 1,000,000
[조회기간(2023-07 ~ 2023-09)]

5 회계관리 → 재무회계 → 결산관리 → 합계잔액시산표 → 차변 잔액   🖳 24,000,000
[조회기간(2023-01-01 ~ 2023-10-31)]

6 회계관리 → 재무회계 → 결산관리 → 재무상태표(IFRS)   🖳 443,232,400
[조회기간(2023-01-01 ~ 2023-12-31)]

7 회계관리 → 재무회계 → 결산관리 → 포괄손익계산서(IFRS)   🖳 623,000
[조회기간(2023-01-01 ~ 2023-12-31)]

기초정보 → 회사(사업장)정보관리 에서 한국화장품(주)를 확인한다.

문제 01 기준정보

1 [기초정보] → [거래처정보관리(일반 탭)]
2 [기초정보] → [거래처정보관리(금융 탭)]
3 [기초정보] → [부서정보관리]
4 [기초정보] → [품목정보관리]

문제 02 거래입력

1 12월3일   (차) 당 좌 예 금 (신 한)   3,000,000   (대) 외 상 매 출 금 (상 록)   3,000,000 ⇒ [일반전표입력][대체전표]

2 12월4일   (차) 보 통 예 금 (국 민)   5,985,000   (대) 당기손익-공정가치측정금융자산   3,000,000 ⇒ [일반전표입력][대체전표]
                                                                당기손익-공정가치측정금융자산처분이익   2,985,000

3 12월5일   (차) 비   품   3,000,000   (대) 보 통 예 금 (국 민)   3,000,000 ⇒ [일반전표입력][대체전표]
   ※ [회계관리] → [재무회계] → [고정자산관리] → [고정(유형/무형)자산등록]에서 비품 등록

4 12월11일   (차) 상   품 24,500,000   (대) 외상매입금(드림) 26,950,000 ⇒ [구매등록]
                 부가가치세대급금   2,450,000

5 12월15일   (차) 현   금 10,000,000   (대) 상   품   매   출 28,000,000 ⇒ [판매등록]
                 외상매출금(한라)20,800,000   부가가치세예수금   2,800,000

6 12월17일   (차) 지 급 어 음(알 파) 20,000,000   (대) 당 좌 예 금 (신 한) 20,000,000 ⇒ [일반전표입력][대체전표]
   ※ [지급어음상태변경]에서 만기일(2023-12-17 ~ 2023-12-17)을 조회하여 어음을 선택한다.

7 12월21일   (차) 토   지 20,500,000   (대) 보 통 예 금 (국 민) 20,500,000 ⇒ [일반전표입력][대체전표]

8 12월24일   (차) 외상매입금(드림)   1,000,000   (대) 지 급 어 음 (드 림)   1,000,000 ⇒ [일반전표입력][대체전표]

9 12월30일   (차) 복 리 후 생 비   300,000   (대) 현   금   500,000 ⇒ [일반전표입력][대체전표]
                 접   대   비   200,000

문제 03   결산작업

1 12월 31일 (차) 여 비 교 통 비   60,000   (대) 현   금   60,000 ⇒ [일반전표입력][출금전표]

2 12월 31일 (차) 선 급 비 용   240,000   (대) 보 험 료   240,000 ⇒ [일반전표입력][대체전표]

3 [회계관리] → [결산관리] → [결산자료입력] → [조회] → 우측상단 [감가상각] → [결산반영]

4 [회계관리] → [결산관리] → [결산자료입력] → 우측상단 [대손상각]에서 대손율 설정을 확인하고 [결산반영]
   [외상매출금 : 151,000,000 × 0.01 − 700,000 = 810,000 , 받을어음 : 39,000,000 × 0.01 − 0 = 390,000]
   단기대여금 금액은 삭제하고 [결산반영]

5 ① [영업물류] → [재고/생산관리] → [환경설정] → [재고관리방법설정] → 1.재고평가방법 [선입선출법] → [저장]
   ② [영업물류] → [재고/생산관리] → [재고수불부관리] → [재고수불부]에서, 조회기간(2023−01−01~2023−12−31) 재고금액
      (55,700,000)을 확인한다.
   ③ [결산자료입력] → [기말상품재고액 입력]후 반드시 [전표추가]버튼을 클릭하여 결산전표를 생성한다.

문제 04   단답형 답안

1 회계관리 → 재무회계 → 결산관리 → 합계잔액시산표 → 대변 합계   답 28,000,000
   [조회기간(2023−01−01 ~ 2023−03−31)]

2 회계관리 → 재무회계 → 장부관리 → 월계표 → 기간합계 탭 → 대변(또는 합계잔액시산표 대변합계)   답 65,000,000
   [조회기간(2023−04 ~ 2023−06)]

3 영업물류 → 재고/생산관리 → 재고수불부관리 → 재고수불부   답 450
   [조회기간(2023−01−01 ~ 2023−07−31), 품목(보습젤)]

4 회계관리 → 재무회계 → 장부관리 → 거래처원장   답 44,060,000
   [조회기간(2023−01−01 ~ 2023−09−30), 거래처(알파화장품(주)), 계정과목(외상매입금)]

5 회계관리 → 재무회계 → 장부관리 → 월계표   답 11
   [조회기간(2023−09 ~ 2023−11)]

6 회계관리 → 재무회계 → 결산관리 → 재무상태표(IFRS)   답 154,550,000
   [조회기간(2023−01−01 ~ 2023−12−31)]

7 회계관리 → 재무회계 → 결산관리 → 포괄손익계산서(IFRS)   답 62,000
   [조회기간(2023−01−01 ~ 2023−12−31)]

기초정보 → 회사(사업장)정보관리 에서 자연뷰티(주)를 확인한다.

문제 01 기준정보

1 [기초정보] → [거래처정보관리(일반 탭)]
2 [기초정보] → [거래처정보관리(카드 탭)]
3 [기초정보] → [부서정보관리]
4 [기초정보] → [품목정보관리]

문제 02 거래입력

1 12월3일 (차) 정기적금(우리) 500,000 (대) 현 금 500,000 ⇒ [일반전표입력][출금전표]
※ [기초정보] → [기준정보관리] → [거래처정보관리(금융 탭)]에서 정기적금 등록

2 12월6일 (차) 상 품 22,000,000 (대) 지급어음(드림) 24,200,000 ⇒ [구매등록]
부가가치세대급금 2,200,000

3 12월10일 (차) 예 수 금 500,000 (대) 현 금 500,000 ⇒ [일반전표입력][출금전표]

4 12월15일 (차) 받을어음(백두) 10,000,000 (대) 외상매출금(백두) 10,000,000 ⇒ [일반전표입력][대체전표]

5 12월22일 (차) 현 금 15,000,000 (대) 상 품 매 출 30,000,000 ⇒ [판매등록]
외상매출금(백두) 18,000,000 부가가치세예수금 3,000,000

6 12월24일 (차) 임차보증금(미래) 5,000,000 (대) 당좌예금(신한) 5,200,000 ⇒ [일반전표입력][대체전표]
임 차 료 200,000

7 12월27일 (차) 이 자 비 용 600,000 (대) 보통예금(국민) 600,000 ⇒ [일반전표입력][대체전표]

8 12월28일 (차) 차 량 유 지 비 100,000 (대) 미지급금(신한카드) 100,000 ⇒ [일반전표입력][대체전표]

9 12월30일 (차) 복 리 후 생 비 300,000 (대) 현 금 370,000 ⇒ [일반전표입력][대체전표]
세 금 과 공 과 70,000

문제 **03** 결산작업

1 12월 31일 (차) 잡　손　실　　　13,000　　　　(대) 현　　　금　　　13,000 ⇒ [일반전표입력][출금전표]

2 12월 31일 (차) 소　모　품　200,000　　　(대) 소　모　품　비　200,000 ⇒ [일반전표입력][대체전표]
　※ 합계잔액시산표에서 소모품비(1,300,000원)을 확인한다.(비용처리법)

3 [회계관리] → [결산관리] → [결산자료입력] → [조회] → 우측상단 [감가상각] → [결산반영]

4 [회계관리] → [결산관리] → [결산자료입력] → 우측상단 [대손상각]에서 대손율 설정을 확인하고 [결산반영]
　[외상매출금 : 141,200,000 × 0.01 − 700,000 = 712,000 , 받을어음 : 49,000,000 × 0.01 − 0 = 490,000]
　단기대여금 금액은 삭제하고 [결산반영]

5 ① [영업물류] → [재고/생산관리] → [환경설정] → [재고관리방법설정] → 1.재고평가방법 [선입선출법] → [저장]
　② [영업물류] → [재고/생산관리] → [재고수불부관리] → [재고수불부]에서, 조회기간(2023-01-01~2023-12-31) 재고금액
　　(52,150,000)을 확인한다.
　③ [결산자료입력] → [기말상품재고액 입력]후 반드시 [전표추가]버튼을 클릭하여 결산전표를 생성한다.

문제 **04** 단답형 답안

1 회계관리 → 재무회계 → 결산관리 → 합계잔액시산표 → 대변 합계(또는 월계표)　　　　　　　답 33,180,000
　[조회기간(2023-01-01 ~ 2023-03-31)]

2 영업물류 → 재고/생산관리 → 재고수불부관리 → 재고수불부(또는 입고내역현황)　　　　　　답 1,200
　[조회기간(2023-02-01 ~ 2023-05-31), 품목(로션)]

3 회계관리 → 재무회계 → 장부관리 → 월계표 → 기간합계 탭　　　　　　　　　　　　　　답 161,000,000
　[조회기간(2023-03 ~ 2023-06)]

4 회계관리 → 재무회계 → 장부관리 → 총계정원장 → 월별 탭　　　　　　　　　　　　　　답 9
　[조회기간(2023-07 ~ 2023-09), 계정과목(종업원급여)]

5 회계관리 → 재무회계 → 장부관리 → 거래처원장　　　　　　　　　　　　　　　　　　　답 30,300,000
　[조회기간(2023-01-01 ~ 2023-09-30), 거래처((주)드림화장품), 계정과목(외상매입금)]

6 회계관리 → 재무회계 → 결산관리 → 재무상태표(IFRS)　　　　　　　　　　　　　　　　답 161,960,000
　[조회기간(2023-01-01 ~ 2023-12-31)]

7 회계관리 → 재무회계 → 결산관리 → 포괄손익계산서(IFRS)　　　　　　　　　　　　　　답 206,450,000
　[조회기간(2023-01-01 ~ 2023-12-31)]

기초정보 → 회사(사업장)정보관리에서 화이트뷰티(주)를 확인한다.

문제 01 기준정보

1 [기초정보] → [거래처정보관리(일반 탭)]
2 [기초정보] → [부서정보관리]
3 [기초정보] → [품목정보관리]
4 [회계관리] → [재무회계] → [고정자산관리] → [고정(유형/무형)자산등록]

문제 02 거래입력

1 12월5일 (차) 임차보증금(알파) 6,000,000 (대) 당좌예금(신한) 6,000,000 ⇒ [일반전표입력][대체전표]

2 12월8일 (차) 외상매입금(드림) 3,000,000 (대) 지급어음(드림) 3,000,000 ⇒ [일반전표입력][대체전표]

3 12월11일 (차) 당기손익-공정가치측정금융자산 10,000,000 (대) 현   금 10,030,000 ⇒ [일반전표입력][대체전표]
수수료비용(94600) 30,000
※ 일반적인 수수료비용(83100)은 판매관리비이고, 당기손익-공정가치측정금융자산에 대한 수수료비용(94600)은 기타비용 (영업외비용)이다.

4 12월13일 (차) 상   품 6,500,000 (대) 외상매입금(강남) 7,150,000 ⇒ [구매등록]
부가가치세대급금 650,000

5 12월15일 (차) 현   금 14,000,000 (대) 상 품 매 출 22,200,000 ⇒ [판매등록]
외상매출금(상록) 10,420,000   부가가치세예수금 2,220,000

6 12월17일 (차) 복리후생비 500,000 (대) 미지급금(국민카드) 500,000 ⇒ [일반전표입력][대체전표]
※ [기초정보] → [기준정보관리] → [거래처정보관리(카드 탭)]에서 신용카드 등록

7 12월20일 (차) 비   품 1,500,000 (대) 보통예금(국민) 1,500,000 ⇒ [일반전표입력][대체전표]

8 12월24일 (차) 당좌예금(신한) 7,000,000 (대) 당기손익-공정가치측정금융자산 2,000,000 ⇒ [일반전표입력][대체전표]
당기손익-공정가치측정금융자산처분이익 5,000,000

9 12월30일 (차) 현   금 1,000,000 (대) 선 수 금(백두) 1,000,000 ⇒ [수금지급등록][수납등록]

문제 03 결산작업

1 12월 31일 (차) 현　　　　　금　　　　25,000　　　　(대) 잡　이　익　　　25,000　⇒ [일반전표입력][입금전표]

2 12월 31일 (차) 소　모　품　　　400,000　　　　(대) 소 모 품 비　　400,000　⇒ [일반전표입력][대체전표]
　※ 합계잔액시산표에서 소모품비(1,300,000원)을 확인한다.(비용처리법)

3 [회계관리] → [결산관리] → [결산자료입력] → [조회] → 우측상단 [감가상각] → [결산반영]

4 [회계관리] → [결산관리] → [결산자료입력] → 우측상단 [대손상각]에서 대손율 설정을 확인하고 [결산반영]
　[외상매출금 : 143,620,000 × 0.01 − 700,000 = 736,200 , 받을어음 : 39,000,000 × 0.01 − 0 = 390,000]
　단기대여금 금액은 삭제하고 [결산반영]

5 ① [영업물류] → [재고/생산관리] → [환경설정] → [재고관리방법설정] → 1.재고평가방법 [선입선출법] → [저장]
　② [영업물류] → [재고/생산관리] → [재고수불부관리] → [재고수불부]에서, 조회기간(2023-01-01~2023-12-31) 재고금액
　　(41,700,000)을 확인한다.
　③ [결산자료입력] → [기말상품재고액 입력]후 반드시 [전표추가]버튼을 클릭하여 결산전표를 생성한다.

문제 04 단답형 답안

1 회계관리 → 재무회계 → 장부관리 → 거래처원장 → 대변 합계(또는 계정별거래처잔액명세서)　　　🖹 10,000,000
　[조회기간(2023-01-01 ~ 2023-06-30), 거래처(백두화장품(주)), 계정과목(외상매출금)]

2 회계관리 → 재무회계 → 결산관리 → 합계잔액시산표 → 대변 합계(또는 월계표)　　　🖹 56,000,000
　[조회기간(2023-02-01 ~ 2023-04-30)]

3 회계관리 → 재무회계 → 장부관리 → 합계잔액시산표 → 대변 합계　　　🖹 23,420,000
　[조회기간(2023-03-01 ~ 2023-04-30)]

4 영업물류 → 재고/생산관리 → 재고수불부관리 → 재고수불부(또는 출고내역현황)　　　🖹 650
　[조회기간(2023-06-01 ~ 2023-09-30), 품목(향수)]

5 회계관리 → 재무회계 → 장부관리 → 월계표　　　🖹 11
　[조회기간(2023-09 ~ 2023-11)]

6 회계관리 → 재무회계 → 결산관리 → 재무상태표(IFRS)　　　🖹 146,030,000
　[조회기간(2023-01-01 ~ 2023-12-31)]

7 회계관리 → 재무회계 → 결산관리 → 포괄손익계산서(IFRS)　　　🖹 190,500,000
　[조회기간(2023-01-01 ~ 2023-12-31)]

기초정보 → 회사(사업장)정보관리 에서 제이인더스트리(주)를 확인한다.

문제 01 기준정보

1 [기초정보] → [거래처정보관리(일반 탭)]
2 [회계관리] → [재무회계] → [고정자산관리] → [고정(유형/무형)자산등록]
3 [기초정보] → [품목정보관리]
4 [기초정보] → [부서정보관리]

문제 02 거래입력

1 12월 3일 (차) 비   품   1,500,000   (대) 미 지 급 금 (대 한)   1,500,000 ⟹ [일반전표입력][대체전표]

2 12월 4일 (차) 당기손익-공정가치측정금융자산   3,600,000   (대) 현   금   3,607,000 ⟹ [일반전표입력][대체전표]
        수수료비용(94600)   7,000
  ※ 일반적인 수수료비용(83100)은 판매관리비이고, 당기손익-공정가치측정금융자산에 대한 수수료비용(94600)은 기타비용(영업외비용)이다.

3 12월 6일 (차) 상   품 15,000,000   (대) 외 상 매 입 금 (로 즈) 16,500,000 ⟹ [구매등록]
        부 가 가 치 세 대 급 금   1,500,000

4 12월 10일 (차) 현   금 20,000,000   (대) 상   품   매   출 52,500,000 ⟹ [판매등록]
        외 상 매 출 금(파 라 곤) 37,750,000   부 가 가 치 세 예 수 금   5,250,000

5 12월 12일 (차) 접   대   비   50,000   (대) 현 금 과 부 족   50,000 ⟹ [일반전표입력][대체전표]

6 12월 17일 (차) 종 업 원 급 여   3,000,000   (대) 보 통 예 금 (기 업)   2,700,000 ⟹ [일반전표입력][대체전표]
                          예   수   금   300,000

7 12월 20일 (차) 당 좌 예 금 (국 민) 20,000,000   (대) 받 을 어 음 (파 라 곤) 20,000,000 ⟹ [일반전표입력][대체전표]
  ※ [받을어음상태변경]에서 만기일(2023-12-20 ~ 2023-12-20)을 조회하여, 어음 선택하고 처리구분 [결제]로 변경 후 결제금액(당좌예금)을 선택한다.

8 12월 26일 (차) 복 리 후 생 비   1,000,000   (대) 미 지 급 금 (비 씨)   1,000,000 ⟹ [일반전표입력][대체전표]

9 12월 28일 (차) 보 통 예 금 (기 업)   40,000   (대) 이   자   수   익   40,000 ⟹ [일반전표입력][대체전표]

문제 03 결산작업

1 12월 31일 (차) 소   모   품   150,000 (대) 소   모   품   비   150,000⇒ [일반전표입력[대체전표]
  ※ 합계잔액시산표에서 소모품비(₩1,000,000)을 확인한다.(비용처리법)
    소모품비(₩1,000,000)에서 사용액(₩850,000)을 차감한 미사용액(₩150,000)을 소모품(미사용액)계정으로 대체한다.

2 12월 31일 (차) 가   수   금   1,000,000 (대) 선 수 금 (데 이 지)   1,000,000⇒ [일반전표입력][대체전표]
  ① [수금지급등록]→[수납등록] (차) 보통예금 1,000,000 (대) 선수금(데이지) 1,000,000을 등록한다. (※ 보통예금 거래처입력은
    생략)
  ② [회계관리]→[재무회계]→[전표입력]→[일반전표입력]에서 '보통예금'을 '가수금'으로 변경
  ※ 선수금 처리는 [수금지급등록] 메뉴에서 처리해야 한다. [일반전표입력]에서 직접 회계전표 처리하면 상품매출시 [선수금대체]
    에 조회되지 않는 문제가 발생한다.(일반전표 입력도 정답 인정)

3 [회계관리] → [결산관리] → [결산자료입력] → 우측상단 [대손상각]에서 대손율 설정을 확인하고 [결산반영]
  [외상매출금 : 220,560,000 × 0.01 − 300,000 = 1,905,600 , 받을어음 : 15,000,000 × 0.01 − 0 = 150,000]
  단기대여금 금액은 삭제하고 [결산반영]

4 [회계관리] → [결산관리] → [결산자료입력] → [조회] → 우측상단 [감가상각] → [결산반영]

5 ① [영업물류] → [재고/생산관리] → [환경설정] → [재고관리방법설정] → 1.재고평가방법 [선입선출법] → [저장]
  ② [영업물류] → [재고/생산관리] → [재고수불부관리] → [재고수불부]에서, 조회기간(2023-01-01~2023-12-31) 재고금액
    (49,500,000)을 확인한다.
  ③ [결산자료입력] → [기말상품재고액 입력]후 반드시 [전표추가]버튼을 클릭하여 결산전표를 생성한다.

문제 04 단답형 답안

1 회계관리 → 재무회계 → 결산관리 → 합계잔액시산표 → 대변 합계(또는 월계표)   답 30,000,000
  [조회기간(2023-01-01 ~ 2023-05-31)]

2 회계관리 → 재무회계 → 결산관리 → 합계잔액시산표 → 차변 합계(또는 월계표)   답 9,630,000
  [조회기간(2023-04-01 ~ 2023-06-30)]

3 영업물류 → 재고/생산관리 → 재고수불부관리 → 재고수불부   답 72
  [조회기간(2023-01-01 ~ 2023-05-31), 품목(토트백)]

4 회계관리 → 재무회계 → 장부관리 → 거래처원장 → 잔액(또는 계정별거래처잔액명세서)   답 47,620,000
  [조회기간(2023-01-01 ~ 2023-09-30), 거래처(클로버백(주)), 계정과목(외상매출금)]

5 회계관리 → 재무회계 → 결산관리 → 합계잔액시산표   답 142,390,000
  [조회기간(2023-01-01 ~ 2023-11-30), 외상매입금(112,390,000) + 지급어음(30,000,000) = 매입채무(142,390,000)]

6 회계관리 → 재무회계 → 결산관리 → 포괄손익계산서(IFRS)   답 290,000
  [조회기간(2023-01-01 ~ 2023-12-31)]

7 회계관리 → 재무회계 → 결산관리 → 재무상태표(IFRS)   답 135,978,000
  [조회기간(2023-01-01 ~ 2023-12-31)]

기초정보 → 회사(사업장)정보관리에서 미우레더(주)를 확인한다.

문제 01 기준정보

① [기초정보] → [거래처정보관리(일반 탭)]
② [회계관리] → [재무회계] → [고정자산관리] → [고정(유형/무형)자산등록]
③ [기초정보] → [품목정보관리]
④ [기초정보] → [부서정보관리]

문제 02 거래입력

① 12월 3일 (차) 차 량 유 지 비   200,000 (대) 현   금   200,000 ⇒[일반전표입력][출금전표]

② 12월 4일 (차) 차 량 운 반 구 15,000,000 (대) 현   금 6,000,000 ⇒[일반전표입력][대체전표]
　　　　　　　　　　　　　　　　　　　　　　 미 지 급 금 (싱 싱) 9,000,000

③ 12월 5일 (차) 지 급 어 음 (로 즈) 20,000,000 (대) 당 좌 예 금 (국 민) 20,000,000 ⇒[일반전표입력][대체전표]
　　 ※ [지급어음상태변경]에서 만기일(2023-12-05 ～ 2023-12-05)을 조회하여 어음을 선택한다.

④ 12월 7일 (차) 상   품 10,500,000 (대) 외 상 매 입 금 (로 즈) 8,550,000 ⇒[구매등록]
　　　　　　　　　부 가 가 치 세 대 급 금 1,050,000   현   금 3,000,000

⑤ 12월 10일 (차) 예   수   금   450,000 (대) 현   금   600,000 ⇒[일반전표입력][대체전표]
　　　　　　　　　복 리 후 생 비   150,000

⑥ 12월 14일 (차) 외 상 매 출 금 (클 로 버) 42,350,000 (대) 상 품 매 출 38,500,000 ⇒[판매등록]
　　　　　　　　　　　　　　　　　　　　　　　 부 가 가 치 세 예 수 금 3,850,000

⑦ 12월 21일 (차) 기타포괄손익-공정가치측정금융자산(비유동) 2,000,000 (대) 보 통 예 금 (기 업) 2,000,000 ⇒[일반전표입력][대체전표]

⑧ 12월 24일 (차) 가   수   금 1,000,000 (대) 외 상 매 출 금 (데 이 지) 1,000,000 ⇒[일반전표입력][대체전표]

⑨ 12월 28일 (차) 복 리 후 생 비   500,000 (대) 미 지 급 금 (비 씨)   500,000 ⇒[일반전표입력][대체전표]

문제 03 결산작업

1 12월 31일 (차) 미　수　수　익　250,000 (대) 이　자　수　익　250,000 ⇒ [일반전표입력][대체전표]

2 12월 31일 (차) 잡　　손　　실　50,000 (대) 현　금　과　부　족　50,000 ⇒ [일반전표입력][대체전표]
※ 합계잔액시산표에서 현금과부족 차변 잔액(₩50,000)을 확인한다.

3 [회계관리] → [결산관리] → [결산자료입력] → 우측상단 [대손상각]에서 대손율 설정을 확인하고 [결산반영]
[외상매출금 : 224,160,000 × 0.01 − 300,000 = 1,941,600 , 받을어음 : 35,000,000 × 0.01 − 0 = 350,000]
단기대여금, 미수수익 금액은 삭제하고 [결산반영]

4 [회계관리] → [결산관리] → [결산자료입력] → [조회] → 우측상단 [감가상각] → [결산반영]

5 ① [영업물류] → [재고/생산관리] → [환경설정] → [재고관리방법설정] → 1.재고평가방법 [선입선출법] → [저장]
② [영업물류] → [재고/생산관리] → [재고수불부관리] → [재고수불부]에서, 조회기간(2023-01-01~2023-12-31) 재고금액(45,500,000)을 확인한다.
③ [결산자료입력] → [기말상품재고액 입력]후 반드시 [전표추가]버튼을 클릭하여 결산전표를 생성한다.

문제 04 단답형 답안

1 회계관리 → 재무회계 → 장부관리 → 월계표 → 기간합계 탭 → 차변 합계 　　　　圖 36,520,000
[조회기간(2023-01 ~ 2023-03)]

2 영업물류 → 재고/생산관리 → 재고수불부관리 → 재고수불부 　　　　圖 54
[조회기간(2023-01-01 ~ 2023-02-28), 품목(보스턴백)]

3 회계관리 → 재무회계 → 장부관리 → 월계표 → 기간합계 탭 → 대변 합계 　　　　圖 81,500,000
[조회기간(2023-03 ~ 2023-05)]

4 회계관리 → 재무회계 → 장부관리 → 거래처원장 → 잔액(또는 계정별거래처잔액명세서) 　　　　圖 18,260,000
[조회기간(2023-01-01 ~ 2023-08-31), 거래처(피에르가방(주)), 계정과목(외상매입금)]

5 회계관리 → 재무회계 → 결산관리 → 합계잔액시산표 → 차변 잔액 　　　　圖 45,500,000
[조회기간(2023-01-01 ~ 2023-09-30)]

6 회계관리 → 재무회계 → 결산관리 → 포괄손익계산서(IFRS) 　　　　圖 1,110,000
[조회기간(2023-01-01 ~ 2023-12-31)]

7 회계관리 → 재무회계 → 결산관리 → 재무상태표(IFRS) 　　　　圖 402,743,400
[조회기간(2023-01-01 ~ 2023-12-31)]

기초정보 → 회사(사업장)정보관리 에서 스타가방(주)를 확인한다.

문제 01 기준정보

① [기초정보] → [거래처정보관리(일반 탭)]
② [회계관리] → [재무회계] → [고정자산관리] → [고정(유형/무형)자산등록]
③ [기초정보] → [품목정보관리]
④ [기초정보] → [부서정보관리]

문제 02 거래입력

① 12월 3일 (차) 여 비 교 통 비　160,000　(대) 가 지 급 금　200,000 ⇒[일반전표입력][대체전표]

　　　　　　　　 접　　대　　비　 50,000　　　 현　　　　　금　 10,000

② 12월 4일 (차) 비　　　　　품 2,400,000　(대) 당 좌 예 금 (국 민) 1,500,000 ⇒[일반전표입력][대체전표]

③ 12월 5일 (차) 당 좌 예 금 (국 민) 15,000,000　(대) 받 을 어 음 (클 로 버) 15,000,000 ⇒[일반전표입력][대체전표]
　　※ [받을어음상태변경]에서 만기일(2023-12-05 ~ 2023-12-05)을 조회하여, 어음 선택하고 처리구분 [결제]로 변경 후 결제
　　　금액(당좌예금)을 선택한다.

④ 12월 7일 (차) 상　　　　　품 12,500,000　(대) 외 상 매 입 금 (로 즈) 5,750,000 ⇒[구매등록]
　　　　　　　　부 가 가 치 세 대 급 금 1,250,000　　　　현　　　　　금 8,000,000

⑤ 12월 10일 (차) 외상매출금(파라곤) 51,150,000　(대) 상 　품　 매　 출 46,500,000 ⇒[판매등록]
　　　　　　　　　　　　　　　　　　　　　부 가 가 치 세 예 수 금 4,650,000

⑥ 12월 14일 (차) 접　　　대　　　비　 50,000　(대) 현 금 과 부 족　 50,000 ⇒[일반전표입력][대체전표]

⑦ 12월 21일 (차) 기　　　부　　　금 1,000,000　(대) 미 지 급 금 (비 씨) 1,000,000 ⇒[일반전표입력][대체전표]

⑧ 12월 24일 (차) 보 통 예 금 (기 업) 1,100,000　(대) 당기손익-공정가치측정금융자산　900,000 ⇒[일반전표입력][대체전표]
　　　　　　　　　　　　　　　　　　　　당기손익-공정가치측정금융자산처분이익　200,000

⑨ 12월 30일 (차) 이　 자　 비　 용　 50,000　(대) 보 통 예 금 (기 업)　 50,000 ⇒[일반전표입력][대체전표]

문제 03 결산작업

1 12월 31일 (차) 선 급 비 용   720,000   (대) 보 험 료   720,000   ⟹[일반전표입력][대체전표]
　※ 합계잔액시산표의 보험료를 더블클릭하여 10월 1일에 지급된 보험료 960,000원(1년분)을 확인한다.
　　960,000 ÷ 12 × 9(선급분) = 720,000

2 12월 31일 (차) 미 수 수 익   2,000,000   (대) 임 대 료   2,000,000   ⟹[일반전표입력][대체전표]

3 [회계관리] → [결산관리] → [결산자료입력] → 우측상단 [대손상각]에서 대손율 설정을 확인하고 [결산반영]
　[외상매출금 : 233,960,000 × 0.01 − 300,000 = 2,039,600 , 받을어음 : 20,000,000 × 0.01 − 0 = 200,000]
　단기대여금, 미수수익 금액은 삭제하고 [결산반영]

4 [회계관리] → [결산관리] → [결산자료입력] → [조회] → 우측상단 [감가상각] → [결산반영]

5 ① [영업물류] → [재고/생산관리] → [환경설정] → [재고관리방법설정] → 1.재고평가방법 [선입선출법] → [저장]
　② [영업물류] → [재고/생산관리] → [재고수불부관리] → [재고수불부]에서, 조회기간(2023-01-01~2023-12-31) 재고금
　　액 (43,500,000)을 확인한다.
　③ [결산자료입력] → [기말상품재고액 입력]후 반드시 [전표추가]버튼을 클릭하여 결산전표를 생성한다.

문제 04 단답형 답안

1 회계관리 → 재무회계 → 장부관리 → 월계표 → 기간합계 탭 → 대변 합계　　　　　　　　　　 🖳 98,780,000
　[조회기간(2023-01 ~ 2023-05)]

2 회계관리 → 재무회계 → 장부관리 → 월계표 → 기간합계 탭 → 현금 탭　　　　　　　　　　　 🖳 2,880,000
　[조회기간(2023-06 ~ 2023-09)]

3 회계관리 → 재무회계 → 장부관리 → 거래처원장 → 잔액(또는 계정별거래처잔액명세서)　　　 🖳 37,520,000
　[조회기간(2023-01-01 ~ 2023-09-30), 거래처(데이지백(주)), 계정과목(외상매출금)]

4 영업물류 → 재고/생산관리 → 재고수불부관리 → 재고수불부　　　　　　　　　　　　　　　 🖳 56
　[조회기간(2023-01-01 ~ 2023-10-31), 품목(숄더백)]

5 회계관리 → 재무회계 → 결산관리 → 합계잔액시산표 → 차변 잔액　　　　　　　　　　　　 🖳 24,325,000
　[조회기간(2023-01-01 ~ 2023-11-30)]

6 회계관리 → 재무회계 → 결산관리 → 포괄손익계산서(IFRS)　　　　　　　　　　　　　　　 🖳 1,040,000
　[조회기간(2023-01-01 ~ 2023-12-31)]

7 회계관리 → 재무회계 → 결산관리 → 재무상태표(IFRS)　　　　　　　　　　　　　　　　　 🖳 23,000,000
　[조회기간(2023-01-01 ~ 2023-12-31)]

기초정보 → 회사(사업장)정보관리 에서 지니피오(주)를 확인한다.

문제 01 기준정보

1 [기초정보] → [거래처정보관리(일반 탭)]
2 [회계관리] → [재무회계] → [고정자산관리] → [고정(유형/무형)자산등록]
3 [기초정보] → [품목정보관리]
4 [기초정보] → [부서정보관리]

문제 02 거래입력

1 12월 4일 (차) 비   품   1,800,000   (대) 미 지 급 금 (대 한)   1,800,000 ⇒[일반전표입력][대체전표]
※ 상품 거래가 아니므로 지급어음이 아닌 미지급금으로 처리한다.

2 12월 7일 (차) 보 통 예 금 (기 업)   2,000,000   (대) 가   수   금   2,000,000 ⇒[일반전표입력][대체전표]

3 12월 10일 (차) 지 급 어 음 (특 피) 10,000,000   (대) 당 좌 예 금 (국 민) 10,000,000 ⇒[일반전표입력][대체전표]
※ [지급어음상태변경]에서 만기일(2023-12-10 ~ 2023-12-10)을 조회하여 어음을 선택한다.

4 12월 14일 (차) 상   품   8,000,000   (대) 외 상 매 입 금 (로 즈)   3,800,000 ⇒[구매등록]
              부 가 가 치 세 대 급 금   800,000   현   금   5,000,000

5 12월 16일 (차) 외상매출금(클로버) 68,750,000   (대) 상   품   매   출 62,500,000 ⇒[판매등록]
                                          부 가 가 치 세 예 수 금   6,250,000

6 12월 17일 (차) 당기손익-공정가치측정금융자산   800,000   (대) 보 통 예 금 (기 업)   805,000 ⇒[일반전표입력][대체전표]
              수수료비용(94600)   5,000
※ 일반적인 수수료비용(83100)은 판매관리비이고, 당기손익-공정가치측정금융자산에 대한 수수료비용(94600)은 기타비용(영업외비용)이다.

7 12월 21일 (차) 미 지 급 금 (비 씨)   300,000   (대) 보 통 예 금 (기 업)   300,000 ⇒[일반전표입력][대체전표]

8 12월 24일 (차) 현   금   3,000,000   (대) 선 수 금 (데 이 지)   3,000,000 ⇒[수금지급등록][수납등록]

9 12월 28일 (차) 단 기 차 입 금 (우 리) 5,000,000   (대) 당 좌 예 금 (국 민)   5,025,000 ⇒[일반전표입력][대체전표]
              이   자   비   용   25,000

문제 03 결산작업

1 12월 31일 (차) 미　수　수　익　2,000,000　(대) 임　　　대　　　료　2,000,000 ⇒[일반전표입력][대체전표]

2 12월 31일 (차) 소　　모　　품　250,000　(대) 소　모　품　비　250,000 ⇒[일반전표입력][대체전표]
　※ 합계잔액시산표에서 소모품비(1,000,000원)을 확인한다.(비용처리법)

3 [회계관리] → [결산관리] → [결산자료입력] → 우측상단 [대손상각]에서 대손율 설정을 확인하고 [결산반영]
　[외상매출금 : 251,560,000 × 0.01 − 300,000 = 2,215,600 , 받을어음 : 35,000,000 × 0.01 − 0 = 350,000]
　단기대여금, 미수수익 금액은 삭제하고 [결산반영]

4 [회계관리] → [결산관리] → [결산자료입력] → [조회] → 우측상단 [감가상각] → [결산반영]

5 ① [영업물류] → [재고/생산관리] → [환경설정] → [재고관리방법설정] → 1.재고평가방법 [선입선출법] → [저장]
　② [영업물류] → [재고/생산관리] → [재고수불부관리] → [재고수불부]에서, 조회기간(2023-01-01~2023-12-31) 재고금액
　　(34,500,000)을 확인한다.
　③ [결산자료입력] → [기말상품재고액 입력]후 반드시 [전표추가]버튼을 클릭하여 결산전표를 생성한다.

문제 04 단답형 답안

1 회계관리 → 재무회계 → 장부관리 → 월계표 → 기간합계 탭 → 대변 합계　　　　　　　　　　　답 13,150,000
　[조회기간(2023-01 ~ 2023-04)]

2 회계관리 → 재무회계 → 장부관리 → 월계표 → 기간합계 탭 → 차변 합계　　　　　　　　　　　답 210,000
　[조회기간(2023-04 ~ 2023-06)]

3 영업물류 → 재고/생산관리 → 재고수불부관리 → 재고수불부　　　　　　　　　　　　　　　　답 64
　[조회기간(2023-01-01 ~ 2023-05-31), 품목(악어백)]

4 회계관리 → 재무회계 → 장부관리 → 거래처원장 → 잔액(또는 계정별거래처잔액명세서)　　　　답 24,750,000
　[조회기간(2023-01-01 ~ 2023-07-31), 거래처(파라곤백(주)), 계정과목(외상매출금)]

5 회계관리 → 재무회계 → 결산관리 → 합계잔액시산표　　　　　　　　　　　　　　　　　　　답 141,730,000
　[조회기간(2023-01-01 ~ 2023-10-31), 외상매입금(111,730,000) + 지급어음(30,000,000) = 매입채무(141,730,000)]

6 회계관리 → 재무회계 → 결산관리 → 포괄손익계산서(IFRS)　　　　　　　　　　　　　　　　답 250,000
　[조회기간(2023-01-01 ~ 2023-12-31)]

7 회계관리 → 재무회계 → 결산관리 → 재무상태표(IFRS)　　　　　　　　　　　　　　　　　　답 86,165,000
　[조회기간(2023-01-01 ~ 2023-12-31)]

MEMO